GU RATGEBER KINDER

PETRA KUNZE
CATHARINA SALAMANDER

Kinder fördern im Alltag

- Die Entwicklung altersgerecht unterstützen
- Ganz nebenbei, ohne großen Aufwand
- Die schönsten Anregungen für jeden Tag

GU

Inhalt

Ein Wort zuvor

Plagt Sie ab und an ein schlechtes Gewissen, weil Sie – entgegen dem »offiziellen« Trend – mit Ihrem Kind an keinem Förderprogramm teilnehmen? Weil Sie nicht täglich stundenlang zusammen mit pädagogisch wertvollem Spielzeug auf dem Kinderzimmerboden sitzen und Ihr Kind zum »richtigen« Spielen anleiten? Machen Sie sich manchmal Sorgen, dass die optimale Entwicklung Ihres Kindes auf der Strecke bleibt und es bald nicht mehr mit den anderen mithalten kann?
Von vielen Seiten wird Eltern heute suggeriert, Kinder könnten nur durch bestimmte Förderprogramme einen Entwicklungsstand erreichen, der ihnen später alle Türen öffnet. Dieser Ratgeber möchte mit diesen Vorurteilen aufräumen. Wir zeigen Ihnen, wie Sie »ganz nebenbei«, spielend und spielerisch, Ihr Kind optimal fördern: indem Sie es bewusst und sinnvoll in Ihr Leben einbeziehen und es aktiv daran teilhaben lassen. Denn das Leben in einer Familie bietet alles, was zur umfassenden Förderung von Kindern bis zum Schulalter nötig ist. Ein solches »Förderkonzept« hat außerdem auch für Sie Vorteile: Sie können Ihren nötigen Alltagstätigkeiten nachgehen und müssen sich nicht zu etwas zwingen, was Sie nur Ihrem Kind zuliebe machen. Denn meist entspricht das Spielen im Kinderzimmer eben nicht den Bedürfnissen Erwachsener – schon gar nicht, wenn gleichzeitig ständig vernachlässigte Pflichten rufen.
Vor allem aber ist eine spielende und spielerische Förderung »nebenbei« auch ganz im Sinne der Kleinen. Denn Dabeisein ist für sie oft alles: Das heißt aber nicht, dass sie nur passiv dasitzen und zuschauen, was die anderen tun. Kinder möchten dabei sein und mitmachen, aktiv an dem teilhaben und das nachahmen, was die Großen tun. So wird Ihr Kind selbstbewusst und selbstständig und hat zudem das Gefühl, etwas Sinnvolles für seine Familie zu tun. Eine solche »teilhabende Förderung« können alle Eltern problemlos umsetzen – auch, wenn sie berufstätig sind und ihr Kind tagsüber betreut wird. In diesem Ratgeber finden Sie eine Menge Anregungen, die Sie in Ihren Alltag einbauen und in der gemeinsamen Freizeit vertiefen können. Dabei fördern Sie bei Ihrem Kind die Entwicklung aller Sinne – und entdecken vielleicht sogar verborgene Talente.

Petra Kunze
Catharina Salamander

Entwicklung spielend meistern

Das eigene Kind ganz individuell zu fördern ist eigentlich ganz einfach: Lassen Sie es möglichst viel mitmachen. Wichtig ist, dass Sie dabei Ihr Kind behutsam anleiten, ohne es zu bevormunden. Die bekannte Kinderpädagogin Maria Montessori war davon überzeugt, dass ein Kind vor allem durch diese Form der Selbsttätigkeit lernt: »Hilf mir, es selbst zu tun« war ihr Motto. Kein Kind ist wie das andere. In diesem Kapitel erfahren Sie, was ein Kind in welchem Alter lernt. Aber jedes Kind hat auch andere Talente – und ebenso Bereiche, die ihm weniger liegen.

Ihr Kind entfaltet sich

Die Raupe wird ein wunderschöner Schmetterling – Ihr Kind ist eine unverwechselbare Persönlichkeit.

Balance zwischen Halten und Loslassen finden

Wohl allen Eltern liegt am Herzen, dass sich ihr Kind optimal entwickelt. Was aber heißt eigentlich Entwicklung? Ganz wörtlich genommen: Jedes Kind soll sich »ent-wickeln« können, sich also von einer äußeren Umwicklung, einer Art Schutzschicht befreien, damit seine Schönheit, seine Einmaligkeit, sein Wesen sichtbar wird. Dieser Vorgang ähnelt in vielem der Verwandlung einer Raupe in einen Schmetterling: Der Kokon muss nach und nach abgetragen werden, damit die darin gereifte Puppe sich als Schmetterling entfalten kann. Dabei ist dieser schützende Kokon durchaus vergleichbar mit dem Schutz der Familie, in dem ein Kind heranreift. Wenn Sie die Entwicklung Ihres Kindes fördern wollen, müssen Sie ihm diese schützende Umhüllung geben, ihm aber gleichzeitig helfen, sich nach und nach aus diesem Kokon heraus zu entwickeln – damit es seine ganze Schönheit, seine Besonderheit, sein ganz eigenes Wesen entfalten kann.

Jedes Kind bringt seine eigene Persönlichkeit mit auf diese Welt. Wer mehrere Kinder hat, weiß, wie verschieden auch bei Geschwistern Charaktere und Anlagen sind. Natürlich ist es für die Entfaltung der Persönlichkeit auch von großer Bedeutung, in welchem Umfeld ein Kind heranwächst, welche Unterstützung es erfährt, welche Gesellschaft, welches soziale Milieu es erlebt.

In den ersten Lebensjahren bilden vor allem die Eltern die soziale Umwelt der Kinder. Durch ihr Verhalten helfen sie ihren Kindern beim »Ent-wickeln« – oder versuchen, sie nach ihren eigenen Vorstellungen zu formen. Nur selten stimmt aber die Vorstellung davon, wie ein Kind zu sein hat, mit dem Wesen eines Kindes überein. Deshalb enden viele dieser »Erziehungsversuche« damit, dass die Persönlichkeitsentwicklung eines Kindes den Idealen der Eltern untergeordnet wird. Solche ehrgeizigen Projekte sind zwar in unserer leistungsorientierten Gesellschaft nachvollziehbar. Sie haben aber vor allem das Ziel, die Eltern zufrieden zu stellen, und nehmen wenig Rücksicht auf die Kinder. Ein Kind zu fördern – damit hat eine solche Erziehung nichts zu tun.

Entwicklung behutsam unterstützen

Wirkliche »Entwicklungsförderung« ist immer am Wohl des Kindes orientiert. Das heißt, dem Kind soll nichts »eingetrichtert« werden, es wird zu nichts gezwungen. Vielmehr sollten wir fördern, was in ihm angelegt ist, was es mit Freude tut. Die Tätigkeiten müssen seinem Alter und Entwicklungsstand angepasst sein. Es soll weder über- noch unterfordert werden. Aber gerade das ist für Mütter und Väter eine schwierige Gratwanderung. Der Anspruch an Eltern ist heutzutage sehr hoch. Sie werden häufig allein dafür verantwortlich gemacht, wenn etwas »schief« läuft oder ihr Kind nicht mit Gleichaltrigen mithalten kann. Also neigen Eltern oft dazu, von ihren Sprösslingen möglichst viel zu erwarten – dann müssen sie sich später zumindest nicht den Vorwurf machen, ihrem Kind nicht alle Voraussetzungen für ein glückliches und erfolgreiches Leben mitgegeben zu haben. Ein Kind im »richtigen« Maß zu fördern und zu unterstützen – das ist viel einfacher, als Sie denken. Dafür sind keine besonderen Kurse oder Programme nötig und auch kein ausgeklügeltes pädagogisches Konzept.

Das richtige Maß ist wichtig

Den Weg bereiten – und das Kind selbst gehen lassen

Fördern bedeutet nicht, den nächsten Entwicklungsschritt vorwegzunehmen oder gar zu »erzwingen«, sondern auf das Kind und die von ihm geäußerten Bedürfnisse einzugehen und diese – in gewissen Grenzen – zu befriedigen. Es gibt Bedürfnisse, die bei allen gesunden Kindern mehr oder weniger stark ausgeprägt sind: die kindliche Neugier, das Bedürfnis, dabei zu sein, alles nach- und mitzumachen, was die Großen tun. Andere Bedürfnisse sind stark von der kleinen Persönlichkeit abhängig: etwa wie temperamentvoll ein Kind spielt, ob es lieber malt oder sich mehr für Musik begeistert, ob es am liebsten mit ganzem Körpereinsatz bei der Sache ist oder in Ruhe etwas bastelt. Das müssen Eltern bei jedem Kind neu herausfinden. Um Ihr Kind zu unterstützen, müssen Sie nicht immer etwas anbieten. Häufig ist Ihre elterliche Kompetenz vor allem gefragt, wenn es um ein

Das Kind als Persönlichkeit wahrnehmen

TIPP!

Neue Reize bieten

Vielleicht können Sie es sich in diesem Prozess zur Faustregel machen, Ihrem Kind immer ein bisschen mehr zuzutrauen, anzubieten und zu ermöglichen, als es momentan offensichtlich schon mühelos beherrscht.

»Gewähren-Lassen« oder um das Schaffen einer fördernden Atmosphäre, einer so genannten »vorbereiteten Umgebung« geht, wie es die Pädagogin Maria Montessori ausdrückte (siehe ab Seite 13). Dazu gehört auch, dass Sie Ihr Zuhause entsprechend gestalten: Das betrifft zum einen die nötigen Sicherheitsmaßnahmen (ab Seite 15). Zum anderen sollte es möglichst wenige Tabuzonen geben, in denen sich Ihr Kind nicht aufhalten darf. Wenn Sie dann Ihr Kind noch aktiv in den Alltag einbeziehen, haben Sie schon den richtigen Rahmen gefunden, um es umfassend zu fördern.

Die optimale Umgebung schaffen

Spielen – gut für Körper, Geist & Seele

Welche individuellen Vorlieben Kinder auch immer haben: Spielen möchten alle gern – und das am liebsten ununterbrochen. So ist es eigentlich auch ganz einfach, die kindliche Entwicklung zu unterstützen: Indem Sie das Spiel Ihres Kindes fördern und das Zusammenleben mit ihm zu einem Spiel machen, fördern Sie Ihr Kind.

Spielend die Welt entdecken

Weil für Kinder das Spielen so wichtig ist, lassen sich auch alltägliche Verrichtungen und kleine Pflichten gut in Spiele kleiden – und werden so um einiges attraktiver für Ihr Kind. Baden, Essen, die Sauberkeitserziehung und das Schlafengehen können so zu einem Spiel werden. Sie können die täglichen kleinen Kämpfe darum vermeiden, wenn Sie dem natürlichen Bedürfnis des Kindes nach spielerischer Betätigung in jeder Lebenslage entgegenkommen: Da wird vielleicht auf einem Schiff gebadet, und das Mittagessen findet in einem Restaurant statt, in dem das Kind serviert. Sie können eigentlich das ganze Leben mit Ihrem Kind zum Spiel machen: Es darf mit und bei Ihnen spielen, wird spie-

TIPP!

Ganz ernsthaft …

Vielleicht glauben Sie, dass Ihr Kind durch zu viel Spiel nicht ausreichend auf den »Ernst des Lebens« vorbereitet wird? Keine Sorge: Beobachten Sie nur das kindliche Spiel, dann werden Sie sehen, wie ernsthaft die Kleinen bei der Sache sind. Ob beim Malen oder Brotbacken, ein Kind ist ganz konzentriert bei dem, was es tut, und völlig in sein Spiel vertieft. Denn das kindliche Spiel hat mit unserer erwachsenen Definition von »Spielen« wenig zu tun. Alles ist ein Spiel – und Spielen ist alles – und damit die beste Vorbereitung auf das Leben.

lend in Ihr Leben integriert. Und dabei wird es zufrieden sein: Es darf bei Ihnen sein, darf dasselbe – oder jedenfalls etwas Ähnliches – wie Sie machen. Seine Phantasie lebt auf, es fühlt sich ernst genommen und darf etwas tun, was für das Kind selbst und die Familie nützlich ist. Das gemeinsame Tun vermittelt dem Kind Selbstvertrauen und ein familiäres Zusammengehörigkeitsgefühl. Dagegen fühlt sich ein Kind ausgeschlossen und nicht genug be- und geachtet, wenn es immer auf sein eigenes Zimmer und die eigenen Sachen verwiesen wird. Es fühlt sich »zu klein«, »zu unwert«, um bei den wirklich interessanten Dingen mitmachen zu dürfen – und das sind nun mal vor allem die, die Sie tun.

Spielen ist das perfekte »Förderprogramm«

WICHTIG

Das lernt Ihr Kind beim Spielen

- Entdecken des Ich und der (Um-)Welt
- Befriedigen der Lern- und Wissbegier
- Nachahmen
- Ausleben der Phantasie
- Zuwendung und soziales Miteinander
- Entwickeln von Eigeninitiative
- Üben von Geschicklichkeit
- Entwickeln der Sinne: hören – sehen – fühlen – schmecken – riechen
- Entwickeln motorischer Fähigkeiten
- Begreifen der Welt: konkret mit den Händen, später auch abstrakt über den Verstand
- Verarbeiten von Erlebnissen

Kleine Pflichten spielerisch erledigen

Für uns Erwachsene sind die täglichen Arbeiten und Pflichten oft negativ besetzt – für Kinder ganz und gar nicht. Sie übernehmen gern kleine Aufgaben und Pflichten, sie »arbeiten« gern. Wir aber setzen alles daran, die alltäglichen Arbeiten möglichst schnell allein zu verrichten, um so Spielzeit, Zeit für unser Kind herauszuschlagen. Denn wir trennen – im Gegensatz zu Kindern – die Arbeits- von der Freizeit: Spielen gehört in die Freizeit, die wir uns freischaufeln müssen. Also wollen wir »schnell noch« abwaschen, die Waschmaschine anstellen, das Essen vorbereiten. Wir vertrösten unser Kind auf »gleich« und »später«, bis es sich nicht mehr vertrösten lässt. Dann hetzen wir ins Kinderzimmer, den Kopf noch immer voller unerfüllter Pflichten. Das muss nicht sein. Wenn Sie auf das Spielbedürfnis Ihres Kindes eingehen, können Sie sich etwas mehr Zeit im Haushalt, bei der Gartenarbeit oder der arbeitsfreien Zeit des Alltags lassen und sich Ihrem Kind widmen. Ein Plus für beide: Sie gewinnen Zeit. Und auch Ihr Kind gewinnt echte Spielzeit mit Ihnen – und wird dabei noch optimal gefördert.

Gemeinsame Zeit gewinnen

WICHTIG

In diesen Bereichen unterstützt »Hausarbeit« die Entwicklung

- **Ausdauer und Konzentration:** Das Kind konzentriert sich auf die gemeinsame Arbeit
- **Geschicklichkeit:** Das Kind wird durch den Gebrauch seiner Hände – auch mithilfe von Werkzeug – immer geschickter
- **Sinneswahrnehmungen:** Das Kind bekommt bei jeder Tätigkeit eine Unmenge an Sinneseindrücken: Es schmeckt, fühlt, sieht, riecht und hört
- **Gleichgewichtssinn:** Das Kind bewegt sich und trägt verschieden schwere Dinge
- **Soziale Fähigkeiten:** Das Kind tut etwas für sich und für die familiäre Gemeinschaft
- **Selbstbewusstsein und Selbstsicherheit:** Das Kind lernt, wie und wozu etwas funktioniert
- **Selbstständigkeit:** Das Kind kann etwas alleine tun

Spielend durch den Alltag

Sinnvoll und schön: Kinder dürfen dabei sein

Vielleicht sind Sie selbst so aufgewachsen, dass Sie von Ihren Eltern eine Menge lernen konnten, weil Sie überall zuschauen oder mitmachen durften. Schon so mancher Meisterkoch verbrachte seine Kindheit mit der Mutter am Herd. Und auch das Verrichten anderer Tätigkeiten im Haushalt fördert die motorischen und kognitiven Fähigkeiten eines Kindes, schärft all seine Sinne und schult seine sozialen Kompetenzen.

Das Zuhause als Spielesammlung

Alltägliches neu entdecken

Der Alltag bietet ungeahnt viele Spielmöglichkeiten. Er steckt voller Anregungen, die oft ungenutzt bleiben, weil wir glauben, wir müssten unser Kind auf besondere Art und Weise fördern, statt es einfach am Alltag teilhaben zu lassen. Zu Hause findet ein Kleinkind im Grunde alles, was es zum Spielen braucht – außer einer Gruppe Gleichaltriger, die findet es in der Spielgruppe oder im Kindergarten. Sie brauchen Ihr Kind lediglich aktiv zu beteiligen. Das Spielen des Alltagslebens wird so eine partnerschaftliche Interaktion zwischen Kindern und Eltern, und die Dinge des täglichen Lebens werden zum Spielmaterial (siehe auch ab Seite 112). Dafür interessiert sich Ihr Kind besonders, weil es ja sieht, dass Sie diese Dinge benutzen. Machen Sie also Ihr Zuhause zur Förderstube, lassen Sie Ihre Wohnung, Ihr Haus und Ihren Garten zum Forschungslabor für Ihre Kinder werden. Sie müssen dazu nur einige wenige Spielregeln beachten (siehe ab Seite 15).

Maria Montessoris Erkenntnisse

Die bekannte italienische Ärztin und Pädagogin Maria Montessori (siehe Kasten Seite 14 und Literaturempfehlungen Seite 125) betonte immer wieder, wie wichtig es für ein kleineres Kind ist, in seiner gewohnten Umgebung zu lernen. Denn es kann hier Nuancen differenziert wahrnehmen. Es beobachtet beispielsweise, wie etwas größer oder kleiner wird und sich verändert, etwa wenn es erlebt, wie aus weichen und flüssigen Zutaten ein fester Teig entsteht. Alle Voraussetzungen für eine gesunde Entwicklung findet ein Kind zu Hause, wenn es aktiv sein darf. Zudem gewinnt es in dieser Umgebung Sicherheit für seine Eroberungszüge in die Welt. Zeigt ein Kind also Interesse an der Tätigkeit der Eltern oder bekundet es die Bereitschaft zum »Helfen« oder Nachahmen, dann sollten Eltern darauf eingehen. Zahlreiche Vorschläge dazu finden Sie ab Seite 32. Sie werden auch immer wieder Kästen mit dem Hinweis auf den »Montessori-Hintergrund« finden und so die »Übungen des praktischen Lebens« und die Sinnesmaterialien der Montessori-Pädagogik genauer kennen lernen.

Kindliche Hilfsbereitschaft annehmen

Spielend Selbstsicherheit gewinnen

Das Spiel ist die Arbeit des Kindes. Und es ist mit mehr Ernsthaftigkeit und Enthusiasmus bei der Sache als die meisten Erwachsenen: Bestimmt haben Sie schon bemerkt, dass sich Ihr Kind immer wieder mit demselben beschäftigt, ohne dass es ihm langweilig wird – gleichgültig, ob es drei Monate oder sechs Jahre alt ist. Auch Maria Montessori beobachtete, wie Kinder dabei hochkonzentriert sind und ihre Tätigkeiten so lange wiederholen, bis deren »Inhalt« zu ihrem »inneren Besitz« geworden ist, also bis sie etwas wirklich beherrschen. Einen zuvor diffusen Sinneseindruck kann das Kind so ordnen und verstehen, es gelangt »vom Greifen zum Begreifen«: Denn das kleine Kind erfährt die Welt durch Anfassen. Die Hand funktioniert immer differenzierter, und das Kind lernt mehr und mehr, Dinge zu »handhaben«. Mit zunehmendem Alter und ständiger Übung werden die Koordination und die Motorik immer besser – und das Kind wird umso sicherer und selbstbewusster, je mehr es kann.

Vom Greifen zum Begreifen

Maria Montessori

Maria Montessori wurde 1870 in der Nähe von Ancona geboren. Sie studierte als erste Frau Italiens Medizin und arbeitete dann in Rom in der Kinderabteilung der psychiatrischen Universitätsklinik. In dieser Zeit lernte sie das Werk des französischen Arztes Séguin kennen, der davon ausging, dass behinderte Kinder besonders angeregt werden müssen. Maria Montessori entwickelte dessen didaktische Ansätze in ihrem eigenen Erziehungskonzept systematisch fort. 1907 eröffnete sie ihr erstes Kinderhaus in einem römischen Arbeiterviertel. Hier wendete sie ihre Erfahrungen auch in der Erziehung nichtbehinderter Kinder sehr erfolgreich an. Ab 1912 ging sie auf Vortragsreisen und gründete weitere Kinderhäuser, Schulen und Lehrerausbildungsstätten in der ganzen Welt. Maria Montessori lebte während des Zweiten Weltkrieges in Indien und machte ihre Pädagogik auch dort bekannt. 1949 kehrte sie in die Niederlande zurück, wo sie am 6. Mai 1952 starb. Maria Montessoris Erziehungskonzept basiert darauf, dass die Sinne und die feinmotorische Entwicklung eines Kindes geschult werden. Es beinhaltet die Selbsterziehung des Kindes in frei gewählten Tätigkeiten. Dabei sollen auch die Selbsttätigkeit und die Individualität des Kindes gefördert werden.
Maria Montessori sah Erziehung vor allem als »Hilfe zum Leben«, die das Wachstum des Kindes »von innen her« fördert. In diesem Zusammenhang entwickelte sie die »Übungen des praktischen Lebens«. Diese werden unterstützt durch Sinnesmaterialien. Maria Montessori erkannte das kindliche Spiel als »Arbeit« an, vor allem, was Konzentration, Interesse und Ausdauer betrifft. Das Montessori-Konzept basiert auf folgenden Anforderungen:

- Psyche, Intellekt und Körper eines Kindes sollen sich gleichermaßen entwickeln. Nach Maria Montessori sollen Kinder vor allem aktiv sein dürfen und das tun können, was sie interessiert.
- Außerdem braucht das Kind unbedingt auch die Möglichkeit, sich zu bewegen, nicht nur zum Austoben: Gerade im Alter von drei bis sechs Jahren sind »kleine« Bewegungen mit der Hand – wie Hinstellen, Ausräumen, Schütten – wichtig für die kindliche Entwicklung.
- Um die vielen ungeordneten Eindrücke verarbeiten zu können, die vor allem in den ersten Jahren auf ein Kind einströmen, braucht es die Hilfe seiner Eltern. Sie unterstützen das Kind beim Ordnen und Strukturieren der Eindrücke, indem sie ihm eine »vorbereitete Umgebung« bieten, also etwa Dinge bereitstellen, für die es sich momentan interessiert (siehe auch Seite 10). Kinder können Sinneseindrücke durch Experimentieren und häufiges Wiederholen verarbeiten.
- Wichtig von Seiten der Eltern ist für Maria Montessori der Respekt vor der »freien Wahl« des Kindes, vor seiner Spontaneität. Das bedeutet eben kein Antrainieren von Fertigkeiten, sondern ein Reagieren auf die vom Kind geäußerten Bedürfnisse (auch nach Ruhe und »Nichtstun«); und auf die von ihm ausgehenden Aktivitäten und Fragen.

Spielregeln für Eltern

Damit Ihr Kind spielen(d) lernt, braucht es natürlich etwas Anleitung, Unterstützung und Anregung durch Erwachsene, denn: Auch spielen will gelernt sein. Das heißt nicht, dass Sie Ihrem Kind diktieren sollen, was und wie es zu spielen hat. Vielmehr sollten Sie ihm das »Futter« für sein Spiel geben, mit dem es seine schöpferischen Fähigkeiten selbst entwickeln kann. Dieses »Futter« ist geeignetes Spielzeug – und vor allem nicht zu viel davon. Ideal ist, wenn Ihr Kind gerade so viel Spielzeug angeboten bekommt, dass es neue Spiele ausprobieren kann. Und es braucht solches Spielzeug, mit dem es nachspielen kann, was es erlebt. So reichen beispielsweise ein Holzklötzchen und ein Stück Stoff, um selbst zu »bügeln«. Spielfutter geben Sie Ihrem Kind auch, indem Sie ihm neue Erfahrungen und Eindrücke anbieten, die es nachspielen kann: vielleicht einen Zoobesuch oder gemeinsames Kochen, das in der Puppenküche nachgeahmt wird.

Mit einfachen Mitteln die Kreativität anregen

WICHTIG

Nicht vergessen!

- Freuen Sie sich mit Ihrem Kind
- Loben Sie, wenn etwas gelingt
- Trösten Sie, wenn etwas misslingt
- Motivieren Sie es zu neuen Versuchen
- Lassen Sie es eigene Erfahrungen machen
- Schützen Sie Ihr Kind vor Gefahren
- Seien Sie Ihrem Kind ein Vorbild

Gut spielen – sicher spielen

Bestimmt haben Sie schon einiges in Ihrer Wohnung verändert, sobald Ihr Kind krabbeln konnte. Gerade in puncto Sicherheit ist es wichtig, immer auf dem »aktuellen« Stand zu sein: Je größer Ihr Kind wird, desto weiter nach oben müssen alle »gefährlichen« Gegenstände geräumt werden. Andererseits lernt Ihr Kind immer besser, mit Gefahren umzugehen und sie zu vermeiden. Schutzmaßnahmen unterliegen also einem dynamischen Prozess, der immer wieder aktualisiert werden muss. Grundsätzlich sollten Sie aber immer wachsam bleiben, Ihr Kind vor möglichen Gefahren schützen und – wo nötig – auch konsequent verbieten. Solche Verbote, wie der Gebrauch von Messern, können dann mit zunehmendem Alter gelockert werden.

Wichtig: eine kindersichere Umgebung

Sicherheit muss nicht anstrengend sein

Ideen, die den Familienalltag einfacher machen

Es gibt einen einfachen Weg, die Wohnung sicher zu machen, ohne sich und seinem Kind den Spaß am Spielen zu nehmen: Versetzen Sie sich in Ihr Kind hinein. Sobald es beginnt, überall hinzukrabbeln, machen Sie sich selbst mal auf allen vieren auf den Weg durch die Wohnung, um sie aus der Krabbelkind-Perspektive zu inspizieren und mögliche Gefahrenquellen auszuschalten. Wenn Ihr Kind dann steht oder läuft, reicht es schnell immer weiter nach oben. Und schon bald wird es sich einen Stuhl holen, wenn es etwas haben möchte. Passen Sie die Sicherheitsmaßnahmen also immer wieder dem Alter Ihres Kindes an. Und machen Sie erreichbare Zonen sicher und gleichzeitig attraktiv für Ihr Kind. Füllen Sie beispielsweise die unteren Fächer von Regalen und Schränken in der Kleinkindzeit mit potenziellem Spielmaterial: alten Zeitschriften, Töpfen, Schüsseln, Haushaltsgegenständen, Pappkartons und Ähnlichem. Sie können außerdem in den ersten Jahren das Kinderzimmer mit einem Babyphon auch tagsüber »überwachen«, falls es außer »Hörweite« liegt. Weitere Hinweise und Tipps finden Sie immer wieder bei den konkreten Spielvorschlägen in diesem Buch.

TIPP!

So werden Sie »spielfreundliche Eltern«

Der Arbeitsausschuss Kinderspiel + Spielzeug e.V. (Adresse siehe Anhang Seite 125) hat zusammengestellt, was Mütter und Väter zu »spielfreundlichen Eltern« macht:

- Sie schaffen Platz zum Spielen
- Sie lassen ihre Kinder spielen, so viel sie möchten
- Sie unterbrechen das Spiel nicht unnötig
- Sie stellen nicht zu viel Spielzeug bereit
- Sie drängen nicht und treiben nicht an
- Sie lassen die Kinder selbst versuchen und ausprobieren
- Sie kritisieren und verbessern die Kinder nicht
- Sie zeigen ernsthaftes Interesse
- Sie loben nicht überschwänglich
- Sie geben dem Kind Gelegenheit, allein zu spielen
- Sie unterstützen gemeinsames Spielen mit anderen Kindern
- Sie respektieren das Eigentum ihrer Kinder
- Sie lassen Aufräumen nicht zur täglichen Tragödie werden

Entwicklung nach Maß?

Gesunde Entwicklung kennt viele Abweichungen vom Mittelmaß

Kein Kind entwickelt sich immer entsprechend einer statistischen Norm. Es geht nicht darum, dass ein Kind zu einem bestimmten Zeitpunkt ein Entwicklungsziel erreicht haben soll, sondern darum, mit welchen Entwicklungsaufgaben das Kind in einem gewissen Alter beschäftigt ist. Die verschiedenen Schritte verlaufen selten nacheinander, sondern meist parallel, und sie gehen ineinander über.

Orientierungshilfe: Was lernt Ihr Kind wann?

Damit Sie die Entwicklung Ihres Kindes optimal unterstützen können, finden Sie auf den nächsten Seiten einen Überblick, welche Entwicklungsaufgaben vom zweiten bis zum sechsten Lebensjahr jeweils »angesagt« sind – und zwar hinsichtlich der motorischen, der geistigen und sprachlichen sowie der sozialen Entwicklung. Wenn Sie den Eindruck haben, Ihr Kind entwickelt sich nicht »normal« oder es weicht zu stark von den Angaben ab, sprechen Sie bitte mit Ihrem Kinderarzt.

TIPP!

Welches Spiel wann?

Sie können die Übungen und Spiele in diesem Ratgeber immer ab einem bestimmten Alter oder Reifegrad anbieten, sollten sie dann aber nicht weglassen, wenn ein neuer Spieltyp dazukommt, sondern ergänzen und im Schwierigkeitsgrad steigern. Ab Seite 32 werden geeignete Spiele und Übungen ausführlich beschrieben. Und ab Seite 120 finden Sie eine Übersicht, welche Fähigkeiten und Entwicklungsschritte Sie mit welchen Übungen optimal unterstützen können. So können Sie Ihrem Kind die »richtigen« Spiele zur »richtigen« Zeit anbieten.

Das zweite Jahr: vom Baby zum Kleinkind

Das zweite Lebensjahr steht ganz im Zeichen der motorischen Entwicklung: Mit dem Laufen – bei den meisten Kindern beginnt das um den ersten Geburtstag herum – eröffnen sich Ihrem Kind völlig neue Perspektiven. Das macht Ihr Kind sehr stolz und froh, manchmal aber auch ängstlich, weil es so viel Unbekanntes entdeckt.

Motorik: ständig in Bewegung

Jetzt, wo Ihr Kind endlich laufen kann, dreht sich alles um die Fortbewegung: Ihr Kind will gehen, laufen, Treppen steigen, hüpfen, klettern, und manchmal auch noch krabbeln. Durch seine neuen Bewegungsmöglichkeiten gewinnt es zunehmend an Selbstständigkeit, denn es kann sich seinen Lebensraum nun zu Fuß erobern. Am Ende des zweiten Lebensjahres hat Ihr Kind dann schon die grundlegenden Bewegungsmuster erlernt.

Auch die Hände Ihres Kindes werden immer geschickter. Es lernt, große Knöpfe durch Knopflöcher zu drücken, mit dem Löffel zu essen und aus einem Becher zu trinken. Die Koordination zwischen Händen und Augen gelingt dabei immer besser. So kann Ihr Kind schon bald allein Bilderbücher anschauen, mit einem Stift auf Papier kritzeln und auch recht geschickt mit Besen und Schaufel hantieren – das kommt zudem seiner Freude am Putzen entgegen. Außerdem kann Ihr Kind seine Spielsachen ein- und ausräumen und nach Gegenständen suchen, die vor ihm versteckt wurden. Alles, was eingewickelt ist, packt es sehr gern aus.

Aus Babys werden Kinder

Ihr Kind »trainiert« seine Fähigkeiten unermüdlich, bis es etwas Neues endlich beherrscht.

Geistige Entwicklung und Sprache: Sinnlichkeit und erste Wörter

Wie schon als Baby erobert Ihr Kind seine Umgebung auch jetzt noch vor allem mit dem Tastsinn: Jeder Gegenstand wird zuerst mit den Händen von allen Seiten befühlt – und anschließend dann noch genussvoll mit dem Mund erforscht. Damit Ihr Kind etwas begreift, muss es dies noch ganz wörtlich tun: Es be-greift die Gegenstände mit den Händen, steckt sie aber immer seltener in seinen Mund.
Die anderen Sinne sind auch schon sehr differenziert entwickelt und spielen immer besser zusammen. So werden jetzt Sehen und Hören für Ihr Kind immer wichtiger: Ihr Einjähriges liebt es wahrscheinlich, ein Bilderbuch anzuschauen und dazu eine kleine Geschichte erzählt zu bekommen.

Ihr Kind lernt, Gegenstände nach Größe, Farbe und Form zu sortieren, es kann also »räumlich« denken, zwischen innen und außen, oben und unten, vorn und hinten unterscheiden. Deshalb steckt es jetzt seine Finger oder die ganze Hand gern in Löcher oder Hohlräume. Es tut vieles jetzt schon ganz bewusst und mit einer gewissen Systematik.

Immer neue Entdeckungen

Wenn das Kind beispielsweise sein Auto vom Tisch holen will, versucht es über einen Stuhl an den Tisch zu kommen und dann vielleicht an der Tischdecke zu ziehen, damit es an sein Auto heranreicht. Es setzt also schon Hilfsmittel ein, um sein Ziel zu erreichen. Dies ist eine beachtliche geistige Leistung, die nicht nur die Konzentration, sondern auch den Gedächtnisspeicher fordert!

Die Sprachentwicklung macht rasante Fortschritte

Ihr Kind versteht nun schon eine ganze Menge und kann bereits einfache Aufforderungen (wie »Mund auf!«) befolgen. Am Ende des zweiten Lebensjahres kann es auch schon selbst Zwei- und Dreiwortsätze sprechen. Es hat einen Wortschatz von etwa 200 Wörtern. Manche Kinder, vor allem wenn sie sehr bewegungsfreudig sind, lassen sich mit dem Sprechen etwas mehr Zeit. Das ist kein Problem, denn verstehen können auch sie schon recht viel. Und machen Sie sich auch keine Sorgen, wenn Ihr Kind etwas Falsches sagt. Nehmen Sie ihm nicht die Freude am Sprechen, indem Sie es ständig korrigieren, sondern wiederholen Sie statt dessen lieber das Wort oder den Satz. Wenn Ihr Kind Ihnen freudig mitteilt: »Auto da!«, dann sagen Sie nicht: »Nein, das ist kein Auto, das ist ein Zug«, sondern besser: »Da vorn, ja, da ist ein Zug.«

Soziale Entwicklung: erste Schritte zur eigenen Person

Ihr Kind spürt nun, dass es mit seiner Mutter keine Einheit (Symbiose) bildet, sondern eine eigene kleine Person ist. Es hat zwar noch nicht das Ich-Bewusstsein eines Zweijährigen – es nennt sich auch noch bei seinem Namen –, hat aber bereits einen eigenen Willen, mit dem es etwas selbst tun will.

Erste »Trotzversuche«

Durch seine immer sicherer werdende Fortbewegungsfähigkeit wird es selbstständiger, was gemischte Gefühle bei ihm auslöst: Es ist stolz darüber, oft aber auch ängstlich, weil es so viel Unbekanntes entdeckt. Dann sucht es schnell den Schutz der Eltern, an denen es sich festhalten und bei denen es wieder auftanken kann. Gelingt dem Kleinen etwas nicht oder hört es ein »Nein«, kann es zu heftigen Zornesausbrüchen kommen, die der Frustration Luft machen. Sie sollten dafür Verständnis zeigen und Ihr Kind trösten, aber bei sinnvollen Verboten bleiben. Denn Ihr Kind braucht jetzt Grenzen,

TIPP!
Bevor Sie Verbote aus reiner Bequemlichkeit erteilen, verzichten Sie lieber darauf. Fragen Sie sich vor jedem Nein: »Warum eigentlich nicht?« Wenn Ihnen keine überzeugende Antwort einfällt oder es nur darum geht, ein bisschen Unordnung oder einen kleinen Aufwand zu vermeiden, verzichten Sie besser auf ein Nein. Denn Ihr Kind kann wenige, aber konsequente Neins besser akzeptieren, und es kommt so auch zu weniger Machtkämpfen – auch in den nächsten Jahren, der so genannten Trotzphase.

damit es sich nicht in der großen Welt »verläuft« oder in gefährliche Situationen gerät. Dabei ist es sehr wichtig, dass Sie konsequent bleiben, damit Ihr Kind sich darauf verlassen kann: Was heute gilt, soll auch morgen noch gelten.

Sinnvolle Richtlinien geben

Das heißt nicht, dass Sie keine Ausnahmen machen oder gar Fehlentscheidungen nicht mehr revidieren dürfen. Sie sollten das dann aber auch deutlich machen. Sagen Sie, dass es sich um eine Ausnahme handelt, oder auch: »Da hast du Recht, warum eigentlich nicht!«

Wutausbrüchen können Sie vorbeugen – und gleichzeitig Selbstständigkeit und Verantwortungsgefühl fördern: Lassen Sie Ihr Kind ab und zu selbst entscheiden. Beim Essen, bei der Kleidung oder bei der Gutenachtgeschichte können Sie ihm zwei, höchstens drei Möglichkeiten anbieten, aus denen es wählen kann – mehr würden es überfordern. So fühlt es sich groß und ernst genommen.

Im zweiten Lebensjahr ist ein Kind ganz damit beschäftigt, die Eltern und seine größeren Geschwister zu imitieren. Deshalb möchte es jetzt alles tun, was Sie tun.

Entwicklung spielend unterstützen

In der Nachahmungsphase können Sie also gut damit beginnen, gemeinsam Arbeiten in Haus und Garten zu erledigen (siehe ab Seite 32). Etwa ab dem 13. Monat begeistert sich Ihr Kind für jede Hausarbeit, die Sie verrichten. Kurze Zeit später kann es sogar schon einfache Aufträge ausführen, etwa Obst waschen. Es lernt bald, sich selbst die Hände zu waschen und abzutrocknen.

Altersgemäß die Selbstständigkeit proben

Damit Ihr Kind auch in der Küche immer dabei sein kann, können Sie seinen Kinderstuhl zu sich stellen. Haben Sie einen separaten Arbeitstisch oder eine Küche mit Theke, ist das der ideale Arbeitsplatz für Ihr Kind. Wenn es schon den Löffel mit wenig Kleckern benutzen kann, darf es vielleicht Verschiedenes in einen Teller oder Topf füllen und

umrühren. Es kann auch etwas aus einer Flasche oder Schachtel in einen Behälter kippen.
Eine Lieblingsbeschäftigung Ihres Kindes ist es jetzt wahrscheinlich, Gegenstände zu Türmen zu stapeln. Geben Sie ihm deshalb immer wieder Vorratsdosen, Töpfe oder Pappschachteln zum Stapeln.
Wichtig ist Ihre Anleitung, wenn es um so genannte Werkzeughandlungen geht. Diese Tätigkeiten können Kinder nicht alleine lernen. Sie müssen den richtigen Gebrauch von Werkzeug immer wieder gezeigt bekommen. Wenn Sie also beispielsweise im Garten mit dem Rechen das Gras zusammenharken, müssen Sie zuerst gemeinsam mit Ihrem Kind den Gebrauch des Rechens üben, damit es weiß, wann es aufdrücken und wann es loslassen muss. Es hilft Ihnen bestimmt auch gern, das frisch gemähte Gras aufzuheben.

Arbeiten vormachen – und dann das Kind probieren lassen

Spielzeuge sollten jetzt schon aus mehreren Einzelteilen bestehen, wie Bauklötze und Stapelbecher. Außerdem liebt es Spielsachen zum Hinterherziehen oder Vornewegschieben, wie eine Ente am Stock. Alles, was sich schieben lässt und dabei noch Halt gibt – damit die wackligen Schritte sicherer werden –, ist jetzt ideal: ein großer Laster, der Puppenwagen, eine Schubkarre, vielleicht auch ein kleiner Einkaufswagen.

Das dritte Jahr: selbstständig werden

In diesem Jahr macht Ihr Kind enorme Entwicklungsschritte: Es beginnt, trocken zu werden, entdeckt sein »Ich« – und damit seinen Willen –, und es beginnt zu fragen: »Warum?« All das fördert seine Selbstständigkeit und sein Selbstbewusstsein. Ihr Kind lernt im Laufe dieses Lebensjahres, dass es eine eigenständige Person ist, die einen eigenen Willen hat und diesen auch durchsetzen kann.

Motorik: Geschicklichkeit und Schnelligkeit üben

Sportliche Höchstleistungen: schneller, höher, weiter …

Ihr Kind will jetzt möglichst viel allein tun – schließlich kann es ja auch schon eine Menge! Es beherrscht alle möglichen Bewegungen, sie müssen nur noch »perfektioniert« werden. Die Körperbeherrschung verbessert sich immer weiter. Denn Ihr Kind übt fleißig balancieren, klettern, hüpfen, springen (aus Stuhlhöhe) und auf einem Bein stehen. Es kann schon erstaunlich schnell rennen und dabei scharfe Kurven schneiden. Das Dreiradfahren will es jetzt unbedingt lernen. Auch die kleinen Hände sind schon äußerst geschickt. Es lernt, größere Perlen aufzufädeln, Flaschenverschlüsse zu entfernen, Knöpfe auf- und zuzumachen und mit einer Kinderschere umzugehen. Ihr Kind kann schon recht gut allein mit einem Löffel essen. Manchmal übt es sogar, mit Messer und Gabel – natürlich vom Kinderbesteck – zu essen.

Lernprinzip: Versuch, Panne, neuer Versuch …

Auch bei der Körperpflege macht es am liebsten alles allein. Für manches braucht es aber noch Ihre Unterstützung – etwa beim Waschen und Zähneputzen. Das Händewaschen und Abtrocknen, das Kämmen und das An- und Ausziehen lernt Ihr Kind im Laufe dieses Jahres schon recht gut allein.

Geistige Entwicklung und Sprache: alles selbst machen

Ihr Kind lernt, dass es eine eigenständige Person mit eigenem Willen ist – den es bei jeder passenden und unpassenden Gelegenheit durchzusetzen versucht. Sie werden jetzt also häufig ein Nein hören, wenn Sie Ihr Kind um etwas bitten oder es zu etwas auffordern. Das verlangt von Ihnen viel Geduld und Kompromissfähigkeit – und Verständnis für Ihr Kind, das nun selbst entscheiden will und muss, was ja bekanntlich nicht immer leicht ist. Ihr Kind hat so viele Wünsche, die es unter einen Hut bringen muss – das will gelernt sein!

Anspruchsvoll: die Zeit der Machtkämpfe

Sprachlich macht Ihr Kind ebenfalls deutliche Fortschritte. Es spricht immer mehr und deutlicher und verfügt schon über einen beachtlichen aktiven Wortschatz. In immer komplexeren Sätzen und mithilfe

TIPP!

Alles aus Trotz?

Das oft anstrengende Verhalten Ihres Kindes in der so genannten Trotzphase hat nichts mit sturem Eigensinn oder gar bösem Willen zu tun, sondern mit inneren Konflikten und Widersprüchen Ihres Kindes, mit seinem Wunsch, groß zu sein, und seiner Erfahrung, doch noch klein zu sein, etwas nicht zu können und sich nicht durchzusetzen. Kein Wunder, dass es zornig wird und in Wut ausbricht – aber auch kein Wunder, dass Sie als Eltern oft ratlos und genervt sind, vor allem in bestimmten Situationen, etwa wenn sich Ihr Kind im Supermarkt wütend auf den Boden wirft. Da hilft nur eins: tief Luft holen und möglichst gelassen bleiben – und später, wenn sich alles beruhigt hat, Ihr Kind in den Arm nehmen und mit ihm darüber reden. Verzichten Sie auf Machtkämpfe, aber halten Sie sinnvolle Grenzen konsequent ein. Denn die will Ihr Kind jetzt spüren, damit es weiß, worauf es sich verlassen kann (siehe auch Kasten auf Seite 20).

seines schon recht gut funktionierenden Gedächtnisses erzählt es Geschichten und eigene Erlebnisse, allerdings noch mit wenig Zeitbezug. Es kann einfache Lieder singen und Verse aufsagen. Ihr Kind hat bereits so viel gelernt, dass es Zusammenhänge herstellen, kombinieren, unterscheiden und verallgemeinern kann. Es kann an einem Gegenstand mehrere Merkmale und Eigenschaften erkennen und ihn so von anderen unterscheiden. Bisher war noch der Tastsinn dominant, was sich darin zeigte, dass Ihr Kind alles anfassen – also tatsächlich »be-greifen« – musste. Jetzt genügt immer häufiger das Anschauen, um etwas zu begreifen. Ihr Kind will alles verstehen, was um es herum geschieht, deshalb fragt es immerzu: »Warum?«

Grenzen erkennen ist jetzt wichtig: Dazu dienen Mutproben, Machtkämpfe und auch Streitereien.

Soziale Entwicklung: Spielkameraden sind gefragt

Auch Streiten gehört dazu

Die Aufmerksamkeit Ihres Kindes für sein soziales Umfeld wird immer größer. Nach wie vor sind die Eltern und Geschwister die wichtigsten Personen. Daneben hat ein Kind jetzt aber häufig schon feste Spielkameraden auf dem Spielplatz, in der Nachbarschaft oder einer Kindergruppe. Sein Bedürfnis nach Geselligkeit mit Kindern und Erwachsenen nimmt immer mehr zu. Deshalb will Ihr Kind mit anderen Kindern spielen – wenn es auch nicht immer so aussieht! Denn manchmal wird mehr gestritten und gekämpft als gespielt. Doch jeder Streit ist eine Gelegenheit zum Versöhnen. Und auch Teilen, Hergeben, Sichdurchsetzen und Rücksichtnehmen müssen gelernt werden! Außerdem naht ja die Kindergartenzeit.

Entwicklung spielend unterstützen

Noch immer hat Ihr Kind viel Spaß dabei, Ihnen im Haushalt zu helfen, etwa beim Geschirrabtrocknen oder beim Aufräumen. Den Tisch kann es schon gut decken, dabei auch Teller und Becher mit Inhalt sicher transportieren. Je mehr es kann und darf, desto mehr Vertrauen entwickelt es in die eigenen Fähigkeiten. Tun Sie also viel mit Ihrem

Kind gemeinsam, damit »trainieren« Sie seine Fertigkeiten und können gut einschätzen, was Ihr Kind schon alles kann. Für manches braucht es noch die geduldige und liebevolle Anleitung der Eltern, ab und an auch Trost, wenn etwas misslingt, sowie Ihren Zuspruch, es noch einmal zu probieren – und natürlich Ihr Lob, wenn etwas glückt. Ihr Kind will jetzt etwas gestalten und formen, gern auch beim gemeinsamen Backen (siehe ab Seite 39). Musik machen, Rollen- und Theaterspiele stehen ebenfalls hoch im Kurs. Um seine Fingerfertigkeit zu fördern, können Sie gemeinsam mit Ihrem Kind nähen, wobei es eine Stopfnadel benutzt (siehe Seite 81). Sie können auch mit einer Kinderschere Papier oder Stoff ausschneiden und beides mit Wachsmalkreiden oder Fingerfarben bemalen – und zwar immer »konkreter«: mit Menschen, Tieren und Gegenständen, denn das interessiert Ihr Kind jetzt. Viel Freude hat Ihr Kind jetzt an Spielen mit Holz- und Plastik-Steckelementen. Lassen Sie es auch in Bilderbüchern bestimmte Abbildungen suchen – es wird begeistert darauf zeigen.

Das vierte Jahr: erste Schritte hinaus

Ihr Kind versteht immer mehr

Ihr Kind kann jetzt immer mehr! Es wird geschickter und kann sich immer besser ausdrücken. Noch eine gute Nachricht: Dadurch werden auch die Wutausbrüche und Trotzanfälle seltener.

Motorik: Ihr Kind wird immer schneller

Geschwindigkeit macht Spaß

Das An- und Ausziehen beherrscht Ihr Kind nun recht gut, nur mit Knöpfen und Reißverschlüssen hat es wahrscheinlich noch einige Probleme. Treppen läuft es freihändig, und das Essen mit Besteck klappt auch schon ganz gut. Viele Kinder möchten jetzt endlich Fahrrad fahren – aber zuerst noch mit Stützrädern.

Geistige Entwicklung und Sprache

Das Ende der Windelzeit

Die Sinnesfähigkeiten Ihres Kindes werden ebenfalls immer weiter verfeinert. So lernt es jetzt auch räumliches Sehen. Ihr Kind kennt bald alle Farben und kann Formen wie Quadrate oder Dreiecke abmalen und Bilder ausschneiden. Tagsüber sind die meisten Kinder jetzt schon trocken, am Ende des vierten Lebensjahres viele auch nachts.

Interessant: Bilder und Fotos

Allmählich bekommt Ihr Kind auch eine Vorstellung von der Zeit, davon, was gestern war, heute ist und morgen sein wird. Auch die Unterschiede zwischen Tag und Nacht und zwischen den Jahreszeiten kennt es. Besonders interessiert ein Kind in diesem Alter sich dafür, dass es mal ein Baby war und später erwachsen sein wird. Jetzt sind Bilderbücher, Fotoalben und eigene Videoaufnahmen gefragt – Ihr Kind erkennt sich und andere darauf.
Am Ende des vierten Lebensjahres verfügt Ihr Kind bereits über einen beachtlichen Wortschatz von etwa 1500 bis 2000 Wörtern, mit denen es geschickt Sechs- bis Achtwortsätze formuliert. Dadurch kann es sich schon recht differenziert ausdrücken, spricht auch schon über seine Gefühle, Bedürfnisse und Erlebnisse.
Wenn Ihr Kind etwas noch nicht ausdrücken kann oder nicht das passende Wort kennt, »erfindet« es auch schon mal ein Wort, um sich mitzuteilen. Damit es immer noch mehr dazulernt, fragt es fleißig weiter.

Kreatives Spiel mit der Sprache

Seine Fragen beschränken sich aber nicht mehr auf ein einfaches Warum, sie gehen schon deutlicher in die Tiefe. Ihr Kind will die Dinge mehr und mehr ergründen.

Soziale Entwicklung: Ihr Kind wird richtig »kompetent«

Sie können aufatmen: Auch weil sich Ihr Kind nun klarer ausdrücken kann, werden Wut und Trotz immer seltener! Es kann jetzt auch schon ein wenig warten oder Kompromisse schließen. Sein Ich-Bewusstsein ist wahrscheinlich gut entwickelt, und es kann sich zu anderen in Beziehung setzen. Dadurch differenziert sich auch sein Sozialverhalten: Es fühlt mit, nimmt Anteil und Rücksicht und hilft anderen gern.
Die Familie als Ganzes ist jetzt besonders wichtig für Ihr Kind. Gemeinsame Ausflüge und Tätigkeiten genießt es. Und es interessiert sich sehr fur alles, was seine Familie betrifft: die Berufe der Eltern, die Schule der Geschwister, die Großeltern und anderes. Gern spielt Ihr Kind mit anderen Kindern. Ein Platz im Kindergarten ist jetzt ideal. Dort kann es auch sein Bedürfnis nach Freundschaften und einer Gruppe befriedigen.

»Arbeiten« wie die Großen – das macht Kindern immer Freude!

Entwicklung spielend unterstützen

Noch immer braucht Ihr Kind viel Bewegung, um seinen Körper zu kräftigen und zu beherrschen. Sie werden an keinem Spielplatz vorbeigehen können, so groß ist das Bedürfnis Ihres Kindes nach Turnen, Toben und Klettern. Darüber hinaus liebt Ihr Kind jetzt besonders Rollenspiele. Und nach wie vor gefällt es ihm, mit Ihnen gemeinsam etwas zu tun. Es hilft Ihnen gern im Garten und bei allen möglichen Hausarbeiten (siehe auch ab Seite 32).

Immer in Bewegung

Das fünfte Jahr: »Ich kann (fast) alles!«

Ihr Kind wird immer wagemutiger – und wird Sie außerdem immer wieder mit Fragen und Bemerkungen überraschen, die zeigen, um was es sich alles schon Gedanken macht.

Motorik: Schnell soll es sein!

Mut und Risikofreude werden größer

Ihr Kind benutzt jetzt gern Geräte, um sich körperlich zu bewegen: Klettergerüste, Rutschbahnen und Schaukeln sind jetzt unentbehrlich. Sein Bedürfnis nach Schnelligkeit lebt es über die Bewegung auf Roller, Fahrrad, Rollschuhen, Schlittschuhen und Ski aus. Auch Tretautos sind sehr beliebt. Ihr Kind lernt auch, seine Schuhe selbst zu binden – noch ein wichtiger Schritt hin zu mehr Eigenständigkeit.

Geistige Entwicklung und Sprache: märchenhaft

Die kognitive Entwicklung bildet im fünften Lebensjahr neben der sozialen Entwicklung den Schwerpunkt. Das Gedächtnis funktioniert so gut, dass Ihr Kind schnell auswendig lernt – sogar ganze Geschichten, wenn sie öfter vorgelesen werden. Ihr Kind lebt häufig sehr stark in seiner Phantasie, weshalb es sich auch gern mit den Figuren von Geschichten identifiziert. Es imitiert oft die Erwachsenen, auch in der Sprache, die es so gut beherrscht, dass es versucht mitzureden. Dabei wirken die Kleinen manchmal recht »altklug«.

Lernen mit Phantasie und Wissbegier

Jetzt spielen Märchen eine wichtige Rolle. Lassen Sie sich nicht durch das vermeintlich »Grausame« in einem Märchen täuschen. In der einfachen, klar verständlichen Handlung der Märchen werden kindliche

Konflikte aller Altersstufen aufgegriffen: tiefe Ängste, geschwisterliche Eifersucht, Selbstständig-Werden und andere. Nicht umsonst wollen Kinder bestimmte Märchen in einem bestimmten Alter immer wieder hören – und zwar immer wieder mit denselben Worten. Die einfache Darstellung und der Sieg des »Guten« helfen dem Kind, sich damit zu identifizieren. Die Bestrafung oder Vernichtung des »Bösen«, das nur anfangs mächtig erscheint, nimmt Ängste ernst und beruhigt Kinder. Beginnen Sie mit klaren, einfachen Märchen, die Gut und Böse polarisieren und in denen der »Held« allein oder mithilfe anderer die Gefahr bewältigt, wie etwa Rotkäppchen, Hänsel und Gretel, Schneewittchen, Frau Holle und Die Bremer Stadtmusikanten. Später kommen Märchen mit komplexerer Handlung hinzu: Die goldene Gans, Aschenputtel oder Eisenhans.

Nägel einschlagen und ähnliche handwerkliche Tätigkeiten mögen Kinder in diesem Alter.

Soziale Entwicklung: Gemeinsam spielen ist Trumpf

Ihr Kind liebt es, in geselligen Runden zu sein und in einer Gruppe zu spielen. Das zeigt sich auch an seiner neu entdeckten Freude an Regel- und Gesellschaftsspielen. Häufig gibt sich eine Kindergruppe selbst Spielregeln, die dann auch eingehalten werden. Da heißt es dann: »Du solltest jetzt ein Tiger sein, ganz laut fauchen und immer versuchen uns zu fangen.« Der kleine »Tiger« wird das auch befolgen, darauf achten alle ganz genau. Nach wie vor gibt es reichlich Streit, ab und an auch handgreifliche Auseinandersetzungen – aber das gehört dazu!

In Rollen schlüpfen, sich verwandeln

Entwicklung spielend unterstützen

Im Haushalt kann Ihr Kind jetzt schon eine Menge helfen: Es kann zum Beispiel Teig rühren und abtrocknen, außerdem Kartoffeln schälen, Nägel einschlagen und Schrauben eindrehen (siehe ab Seite 32). Um die Beobachtungs- und Konzentrationsfähigkeit Ihres Kindes zu fördern, eignen sich klassische Lernspiele wie Memory, Bilderlotto, Puzzles und Brettspiele.

Das sechste Jahr: beim Spielen lernen

Ihr Kind wird jetzt immer pflichtbewusster und will etwas »leisten«. Es freut sich wahrscheinlich schon lange vorher auf seinen ersten Schultag. Ein körperliches »Reifezeichen«: Jetzt beginnt der Zahnwechsel – die ersten Milchzähne werden durch bleibende Zähne ersetzt.

Motorik: Jetzt klappt schon fast alles!

Ihr Kind besitzt nun eine nahezu perfekte Körperbeherrschung, es kann sogar schon sehr hoch klettern. Auch mit den Händen kann es unglaublich viel: Exaktes Ausschneiden und auch das Eindrehen kleiner Schrauben sind jetzt kein Problem mehr.

Geistige Entwicklung und Sprache: bald ein Schulkind

Lüge oder Phantasie?

Ihr Kind ist jetzt äußerst lern- und wissbegierig, deshalb kommt es auch in eine neue Fragephase. Es will Zusammenhänge und Hintergründe verstehen, vieles wissen und Neues kennen lernen. Es prägt sich vieles willkürlich ein. Ihr Kind kann verschiedene Lösungsmöglichkeiten im Kopf durchspielen und sich dann für eine entscheiden.
Das Zeitverständnis wird viel genauer. Tag, Monat und Jahr werden vorstellbar. Manche Kinder lernen sogar schon die Uhr zu lesen. Auch sein eigenes und das Alter anderer Menschen kennt das Kind jetzt.
Bei allem Sinn für die Wirklichkeit mischt diese sich noch manchmal mit der Phantasie Ihres Kindes, so dass es Geschichten ganz oder teilweise erfindet. Ihr Kind will Sie dann aber nicht anlügen, sondern es will so vielleicht einen Wunsch ausdrücken oder sich vor einer Bestrafung schützen. Reagieren Sie also ruhig und gelassen und reden Sie darüber. Erklären Sie Ihrem Kind auch, warum Sie möchten, dass Phantasie und Realität auseinander gehalten werden – und erfinden Sie doch einmal gemeinsam dicke Lügengeschichten!

Soziale Entwicklung – gemeinsam stark

In einer Gruppe seinen Platz behaupten

Ihr Kind ist jetzt wahrscheinlich ein echter »Teamworker«. In einer kleinen Gruppe werden gern die »Arbeit« und Aufgaben verteilt, mal gibt dabei das eine Kind die »Befehle«, mal das andere. Wenn Ihr Kind nur Anführer oder nur Befehlsempfänger ist, können Sie mit ihm in

Rollenspielen auch die andere Seite einüben, oft hilft das. Verantwortungsgefühl und das Bedürfnis, sich um andere zu kümmern, wecken bei vielen Kindern jetzt den Wunsch nach einem Haustier.

Entwicklung spielend unterstützen

Manche Kinder haben jetzt den Wunsch, ein Musikinstrument zu erlernen. Sie können auch gemeinsam Instrumente bauen (siehe ab Seite 116) und damit Lieder begleiten. Ein altersgerechter Werkzeugkasten ist jetzt eines der begehrtesten Spielzeuge. Alles, was sich zusammen- und wieder auseinander bauen lässt (wie zum Beispiel Technikbaukästen) fördert die Entdecker- und Konstruktionsfreude Ihres Kindes. Dafür können Sie ihm auch ausgediente Geräte geben, die es zerlegen darf. Für ruhigere Stunden sind Bilderbücher, Hörkassetten, Karten-, Gesellschafts- und Würfelspiele angesagt. Ideal, um die Vorfreude auf die Schule auszuleben, ist eine Schiefer- oder Kreidetafel.

Musik spielt eine wichtige Rolle

Die erste Zahnlücke – ein wichtiger Schritt für Ihr Kind!

In Haus und Garten kann Ihr Kind jetzt schon fast alles mitmachen, sogar Tätigkeiten wie erste Knöpfe annähen, Wäsche zusammenlegen, Gemüse klein schneiden und Blumen umtopfen klappen schon ganz gut. Bestimmt freut Ihr Kind sich auch über ein eigenes Gemüse- oder Blumenbeet im Garten.

WICHTIG

Ist Ihr Kind wirklich schon schulreif?

Viele Kinder – und auch deren Eltern – können es gar nicht erwarten, bis sie endlich eingeschult werden. Dabei ist es sehr wichtig, dass das Kind wirklich »reif« für die Schule ist. Und das hängt von vielen Faktoren im motorischen, intellektuellen, sprachlichen, sozialen und emotionalen Bereich ab. Sprechen Sie deshalb vor Ihrer Entscheidung mit den Menschen, die Ihr Kind außer Ihnen am besten kennen: Erzieherinnen, Großeltern, Kinderarzt und auch Freunde.

»Förderkurs« Kinderalltag

Familie, Haushalt, Arbeit und tausend andere kleine Pflichten und Verbindlichkeiten – das ganz alltägliche Leben kostet viel Kraft. Und unsere Kinder werden oft angetrieben, mit uns durch den Tag zu hetzen oder »eben mal« zu warten, bis das alles erledigt ist – möglichst, ohne zu stören. Dabei entschärft manchmal schon eine ganz unspektakuläre Idee die stressigste Situation: Lassen Sie Ihr Kind bei möglichst vielen Pflichten aktiv mitmachen.

Das ist auch gar nicht so aufwändig oder umständlich, wie es vielleicht auf den ersten Blick erscheint: Zahlreiche Anregungen und Tipps dazu finden Sie auf den folgenden Seiten.

Spielend durch den gemeinsamen Alltag

Gemeinsam den Alltag genießen

Im täglichen Leben mit Kindern gibt es zahllose Möglichkeiten, die kindliche Entwicklung zu unterstützen. Auf den nächsten Seiten finden Sie Tipps und Vorschläge, wie Sie Ihr Kind in nahezu jeder Situation liebevoll und ganz nebenbei fördern können.

Beste Stimmung

Wichtig ist zunächst eine gute Grundstimmung, denn wenn die Atmosphäre nicht stimmt, nützt das beste Angebot nichts. Daher ist es wichtig, dass Sie selbst Freude an der Arbeit zeigen – oder sie zumindest nicht widerwillig tun. Denn Ihr Kind wird keinen Spaß an der gemeinsamen Tätigkeit haben, wenn Sie diese insgeheim oder offensichtlich ablehnen.

Mit Musik geht's leichter

Bei vielen täglichen Arbeiten und Beschäftigungen können Sie nebenbei Musik hören. Das heißt nicht, dass Sie für Dauerberieselung sorgen sollten. Vielmehr kann Musik eine echte Schulung fürs Gehör sein – und damit auch für den Gleichgewichtssinn, die Muskelspannung und die Körperhaltung. Musik beruhigt, sie kann die Stimmung spürbar verbessern, lädt ein zum Mitsingen und zum Bewegen, das tut auch der Seele gut.
Geeignet – nicht nur für Kinderohren – sind neben vielen klassischen Musikstücken (siehe Kasten Seite 99) auch Ethnomusik und Kinderlieder. Weniger geeig-

TIPP!

Lieder – bekannte und neue

Kinderlieder passen gut zur gemeinsamen Arbeit: Zum Wäschewaschen bietet sich eine kurze Einlage des Waschfrauen-Liedes an: »Zeigt her eure Füße, zeigt her eure Schuh«. Fassen Sie sich dabei auch mal an den Händen, gehen Sie im Kreis und tun Sie, was der Text vorgibt. Sie können zu diesem Lied für andere Hausarbeiten passende Texte dichten, etwa: »... und sehet den fleißigen Fensterputzern zu ...« Oder variieren Sie andere Kinderlieder: Zu »Wer will fleißige Handwerker sehn« können Sie eine Koch-Strophe reimen: »Wer will fleißige Köche sehn, der muss zum (Tobias) gehn ... Rühre fein, rühre fein, die Suppe muss bald fertig sein ...«
Mehr geeignete Lieder finden Sie in entsprechenden Büchern (Vorschläge siehe Anhang auf Seite 125).

net ist Techno- oder Rockmusik: Sie kann Kinder unruhig oder gar aggressiv machen.
Sie können auch immer wieder einmal selbst Musik machen oder Rhythmen erzeugen: Singen Sie gemeinsam mit Ihrem Kind bekannte Lieder. Singen Sie ihm etwas vor, während Sie arbeiten. Klatschen, stampfen, pfeifen Sie, schnippen Sie mit den Fingern. Alles Mögliche kann neben oder zwischen den Arbeiten für Rhythmen und Geräusche sorgen. Sie können auch beide einen Takt klopfen: etwa mit Besteck oder einem Kochlöffel sanft auf Töpfe oder Geschirr schlagen.

Musik kann man mit fast allem machen!

Gute Unterhaltung

Wenn Sie nicht gerade etwas essen, haben Sie bei den täglichen Arbeiten den Mund eigentlich immer »frei«. Deshalb sollten Sie auch bei der Arbeit viel mit Ihrem Kind reden – das fördert seine sprachliche Intelligenz.
Nur wer Sprache hört, lernt sprechen. Dabei ist es wichtig, dass Sie richtig, also nicht in einer »Baby-Sprache«, mit Ihrem Kind reden. Weniger wichtig ist dagegen, dass Ihr Kind jedes Wort versteht, solange Sie einfach und verständlich sprechen. Erklären Sie ruhig auch schon Ihrem Einjährigen, was Sie gerade tun: »Jetzt schäle ich Kartoffeln, die gebe ich in einen Topf mit Wasser und stelle den Herd an …«
Außerdem können Sie mit vielen kleinen Aufforderungen zum besseren Sprachverständnis Ihres Kindes beitragen: »Gibst du mir bitte die Orange« oder »Kommst du mit in den Keller zum Wäschewaschen?« und Ähnliches.
Sie können auch kleine Verse aufsagen (etwa Texte von Kinderliedern) oder gemeinsam nach Wörtern suchen, die sich reimen. Ist Ihr Kind noch klein, können Sie immer mal ein Fingerspiel (»Das ist der Daumen …«) oder einen Kniereiter (»Hoppe, hoppe Reiter …«) einflechten. Mit älteren Kindern können Sie auch Satzverlängerungen bilden: Sie sagen einen Zweiwortsatz, Ihr Kind ergänzt ein Satzglied, dann sind Sie dran und so weiter im Wechsel, also: »Nina bäckt.« – »Nina bäckt einen Kuchen.« – »Nina bäckt einen Kuchen in der Küche …«. Oder Sie erzählen den Anfang einer Geschichte. Hören Sie mittendrin auf und lassen Sie Ihr Kind weitererzählen. Sicher haben Sie noch viel mehr Ideen, wie Sie mit Ihrem Kind »plaudern« können. Einige Bücher mit geeigneten Versen haben wir im Anhang auf Seite 125 für Sie zusammengestellt.

Ab 1 Jahr: miteinander plaudern

Ab 1 Jahr: Fingerspiele und Kniereiter

Spielfeld Haushalt, Garten & Co.

Gemeinsam arbeiten

Ein Haushalt birgt ein ungeahntes Potenzial an Spielmöglichkeiten und Tätigkeiten für Ihr Kind – die meisten einfach dadurch, dass Ihr Kind dabei ist und mitmachen darf, wenn Sie im Haushalt tätig sind.
Ihr Kind will etwas Sinnvolles tun, es »arbeitet« gern, wie Maria Montessori (siehe ab Seite 13) es ausdrückt. Es fühlt sich dadurch ernst genommen und wichtig für die Familie.

Freude an der Arbeit entstehen lassen

Je mehr Sie Ihr Kind in Ihre täglichen Verrichtungen mit einbeziehen, je mehr altersgerechte Aufgaben Sie ihm übertragen und zutrauen, desto mehr Freude wird ihm die »Hausarbeit« machen. Das heißt selbstverständlich nicht, dass Ihr Kind mitmachen muss, sondern es darf, wenn es das möchte – und das wird fast immer der Fall sein, wenn es Sie bei der Arbeit sieht.

Eine Zeitinvestition, die sich lohnt

Natürlich müssen Sie sich darauf einstellen, dass alles etwas länger dauert, wenn Ihr Kind Ihnen hilft. Aber dafür wird es Ihnen beiden auch viel mehr Spaß machen! Außerdem können Sie alle notwendigen Arbeiten erledigen – und geben Ihrem Kind gleichzeitig noch ein richtiges Rund-um-Förderprogramm.
Auf den folgenden Seiten finden Sie vor allem zahlreiche Anregungen, wie Sie mit einem geringen Mehraufwand an Zeit neben den verschiedenen Tätigkeiten im Haushalt Ihr Kind fördern können. Zusätzlich finden Sie auch Vorschläge, wie Sie die Entwicklung Ihres Kindes auf unkomplizierte Weise unterstützen können, wenn Sie einmal etwas mehr Zeit haben.

Montessori-Hintergrund

In der Montessori-Pädagogik kommt der Hand-Arbeit – also der Tätigkeit mit den Händen – eine besondere Bedeutung zu. Die Hand gilt als »wichtigstes Organ des Geistes«: Die Hand greift, damit der Verstand be-greift. Kinder brauchen deshalb viele Möglichkeiten zur »Bildung der Hände«. In den Sinnesübungen und den »Übungen des praktischen Lebens« wird das umgesetzt. Denn nach der Montessori-Pädagogik sollen Kinder »in der häuslichen Umgebung ihre Hände forschend und erobernd benützen können«. Deshalb finden Sie in speziellen Kästen in diesem Buch immer wieder Montessori-Übungen beschrieben, die wir für den unkomplizierten täglichen Einsatz im Haushalt abgewandelt haben.

Zusammenarbeit im »Labor Küche«

Die Küche ist bestimmt bald ein Lieblingsspielplatz Ihres Kindes – an dem es immer wieder neue Spielmöglichkeiten entdecken wird. Bis zum Alter von vier Jahren verbringt Ihr Kind hier sicher auch viel Zeit mit Ihnen. Deshalb sollten Sie gerade in der Küche regelmäßig einen Sicherheitscheck (siehe Kasten rechts) durchführen – dann können Sie Ihr Kind beruhigt und stressfrei auch mal für kurze Zeit »hinter Ihrem Rücken« spielen lassen.

Den Alltag mit allen Sinnen erleben

Riechen, schmecken, hören, sehen, fühlen ...

Nirgendwo in der Wohnung gibt es so viele sinnliche Eindrücke wie in der Küche: unzählige Gerüche, unendlich viel zu sehen, höchst interessante Geräusche und so viele Dinge zum Anfassen. All das möchte Ihr Kind entdecken – und mit Ihrer Unterstützung wird es eine Menge dabei lernen.
Nachdem Sie die größten Gefahrenquellen ausgeschaltet haben, können Sie mit der gemeinsamen »Arbeit« beginnen.

WICHTIG

Sicherheitscheck in der Küche

- Lassen Sie kleine Kinder nicht in der Küche allein.
- Chemikalien und Putzmittel müssen absolut unerreichbar untergebracht sein.
- Sichern Sie bei Ein- bis Zweijährigen die Schubladen, damit sie sich beim Hochziehen nicht die Finger einquetschen (dafür eventuell einen Holzstab durch die Griffe stecken). Verkleben Sie spitze Kanten.
- »Sperren« Sie die vorderen Herdplatten, benutzen Sie möglichst nur die hinteren. Oder bringen Sie ein Herdschutzgitter an.
- Verstauen Sie sämtliche Kabel von Elektrogeräten sorgfältig.
- Warnen Sie immer wieder energisch vor kochendem Wasser. Stellen Sie Töpfe und Schüsseln mit heißem Wasser immer auf die hinteren Herdplatten.
- Bedenken Sie, dass Ihr Kind auch auf die Idee kommen könnte, sich Erbsen, Bohnen, Nüsse oder Ähnliches in die Nase oder in die Ohren zu stecken.
- Flaschen, Gläser, Glasgeschirr und Glastopfdeckel gehören weit nach oben.
- Auf Fett- und Wasserspritzern auf dem Boden kann Ihr Kind ausrutschen.
- Scharfe Messer und Scheren sind lange Zeit für Ihr Kind tabu!
- Auf Seite 46 finden Sie noch allgemeine Sicherheitsmaßnahmen für den Haushalt.

TIPP!

Stressfrei, sicher und mit Spaß an die gemeinsame Arbeit

Bei jüngeren Kindern (bis etwa drei Jahre) lohnt es sich, mit einigen zusätzlichen Vorkehrungen die Küche so zu gestalten, dass Sie nicht ununterbrochen auf der Hut sein müssen:

- Räumen Sie am besten in die untersten Schubladen und in leicht erreichbare Fächer unzerbrechliche und »kinderfreundliche« Sachen: Töpfe (ohne Glasdeckel), Plastikschüsseln, Plastikgeschirr, Kochlöffel, Schachteln und Ähnliches (siehe auch Seite 16).
- Halten Sie einen Hocker bereit, damit Ihr Kind beim Arbeiten neben Ihnen stehen kann.
- Wenn Sie genug Platz haben, ist ein Arbeitstisch ideal, an dem Ihr Kind in seinem Stuhl sitzen und etwas tun kann.
- Haben Sie eine offene Küche mit Theke? Diese ist der perfekte Arbeitstisch für Ihr Kind.
- Denken Sie daran: Kinder brauchen viel Platz zum Arbeiten!
- Bleiben Sie gelassen, wenn mal was daneben- oder kaputtgeht – auch diese Erfahrungen sind wichtig für Ihr Kind. Und gerade in der Küche lässt sich das meiste recht leicht beseitigen.
- Kinder lieben es, in der Küche eine eigene kleine Schürze zu tragen!

Umfüllen, schütten und gießen

Eine hervorragende Übung für die Entwicklung der Feinmotorik, also die exakten Bewegungen der Hand, ist das Umfüllen von Lebensmitteln – oder das Gießen, wie es in der Montessori-Pädagogik heißt (siehe Kasten auf der rechten Seite).

Ab 1 $^1/_2$ Jahren: Lebensmittel schütten

Diese Tätigkeit eignet sich schon für Kinder ab anderthalb Jahren. Lassen Sie Ihr Kind Kaffee, Reis, Linsen, Zucker oder andere Lebensmittel aus der Verpackung in Vorratsgläser, in den Topf oder in eine Schüssel füllen. Sie können Ihrem älteren Kind auch einen Messbecher oder eine Waage als »Zwischenstation« an seinen Arbeitsplatz stellen, so dass Ihr kleiner Helfer die Lebensmittel zuerst auf die Waagschale beziehungsweise in den Messbecher und von da in den Topf oder die Schüssel schüttet.

Macht Spaß und trainiert: schütten und gießen.

Erklären Sie Ihrem Kind, wie die Waage benutzt wird, oder zeigen Sie ihm die Messstriche des Bechers. Geben Sie ihm dann etwas Mehl oder Zucker, den es abmessen oder abwiegen und dann in die Backschüssel leeren darf.

Ab 1 Jahr: Wasser schütten und gießen

Ebenso gut können Sie Ihr Kind natürlich Wasser schütten lassen. Das tut es bestimmt besonders gern – ob in den Topf, aus der Schüssel, in die Wasserflasche, in Gläser oder Becher.

Montessori-Hintergrund

Eine wichtige »Übung des praktischen Lebens« ist das Gießen mit Samenkörnern und mit Wasser. Dabei soll nicht nur der Gießvorgang an sich geübt werden, sondern indirekt auch das Eingießen auf andere Tätigkeiten übertragen werden. Außerdem dienen in der Montessori-Pädagogik die Gieß-Übungen als Vorbereitung auf das Schreiben.

Essen vorbereiten

Auch beim Vorbereiten des Essens können schon die Kleinsten gut mithelfen.

Ab 2 ½ Jahren: Obst waschen

Wenn Ihr Kind sich alleine die Hände waschen kann, also mit etwa zweieinhalb Jahren, kann es auch Obst und Gemüse abwaschen, wie etwa Beeren in einem großen Sieb im Waschbecken. Das wird Ihrem Kind großen Spaß machen, denn fließendes Wasser fasziniert die Kleinen besonders.

Ab 2 Jahren: Essen herrichten und dekorieren, Gemüse putzen

Etwas später kann Ihr Kind auch grünen Salat waschen. Den kann es anschließend in der Salatschleuder trocknen und klein zupfen – eine durchaus schwierige Aufgabe für die kleinen Fingerchen von Anderthalbjährigen. Auch das Reinigen von Rohkost mit einer Gemüsebürste will gelernt sein!

Ab 1 ½ Jahren: Salat schleudern und zupfen

Wenn etwas durchgesiebt werden muss, vielleicht Mehl für einen Kuchenteig, wird das Ihr Kind sicher gern übernehmen.

Ab 2 Jahren: Mehl sieben

Schneiden und dekorieren

Im 3. Lebensjahr können Sie Ihrem Kind auch schon ein rundes, relativ stumpfes Messer geben, mit dem es Lebensmittel auf einem rutschfesten Brettchen schneiden darf. Obst, Gemüse, Wurst und Käse kann es bald immer feiner schneiden.

Auch das Herrichten von Speisen bereitet Kindern viel Freude. Der Aufschnittteller fürs Abendbrot, das Auffüllen der Essteller oder des Brotkorbs – all das lernt Ihr Kind nach und nach. Und es wird sich immer wieder freuen, etwas Sinnvolles für die Familie tun zu können. Das fördert sein Selbstbewusstsein enorm!

Ab 2 ½ Jahren: Essen schneiden

Probierküche: Im Reich der Sinne

Wenn Sie mit Ihrem Kind in der Küche arbeiten, machen Sie es sich doch zur Regel, es immer an allem riechen zu lassen, bevor Sie es in eine Schüssel oder einen Topf tun. Auch alles, was im Topf kocht oder in der Pfanne brutzelt, möchte Ihr Kind sicher riechen. Und der »Duft« einer alten, gebrauchten Pfanne oder eines Backrohrs ist ebenfalls eine sinnvolle Geruchserfahrung.

Ab 1 Jahr: Geruchstest

Wichtig ist, dass Sie den Gerüchen und Geschmäcken Namen geben, wenn Ihr Kind die Zutaten noch nicht kennt, also: »So riecht Zimt, eine Orange, altes Fett …« Nutzen Sie auch die Gelegenheit für Geschmacksübungen: Gewürze, die Sie benutzen, dürfen mit der Zungenspitze getestet werden: ausgepresste Zitrone, Senf, Salz und Honig ebenfalls.

Montessori-Hintergrund

In der Montessori-Pädagogik gibt es auch Geruchsdosen als so genannte Sinnesmaterialien. Sie sind mit stark riechenden Gewürzen gefüllt. Sechs verschiedene Gerüche sind jeweils zweimal vorhanden und sollen riechend zugeordnet werden.

TIPP!

Zeitvertreib für zwischendurch

Kaufen Sie Magnetbuchstaben und -zahlen für Ihren Kühlschrank. Sie sind bunt und gut greifbar – und fordern Ihr Kind regelrecht zum Spielen auf. So kann es sich auch ab und an in der Küche selbst beschäftigen: Es kann etwas schreiben oder Buchstaben aneinander reihen, die Sie ihm dann vorlesen – das finden Kinder amüsant.

Wenn Ihr Kind schon etwas Erfahrung mit Gerüchen und Geschmäcken hat, können Sie damit nebenher lustige Ratespiele veranstalten. Mit geschlossenen Augen darf es riechen, schmecken und raten, was als Nächstes in den Topf kommt. Vielleicht kennt es auch schon die richtigen Bezeichnungen der Zutaten und Gewürze, wenn es sie sieht?

Ab 2 Jahren: Geruchs- und Geschmackstest

In der Küche gibt es auch eine Menge zu hören. Die vielen Geräte – Küchenmaschine, Dunstabzugshaube, Quirl – geben interessante Geräusche von sich. Auch das Auf- und Zuziehen von Schubladen, das Klappern von Töpfen und Geschirr, fließendes Wasser erzeugen bekannte Geräusche. Wenn Ihr Kind gerade in Hör-, nicht aber in Sichtweite ist, können Sie es raten lassen, was es gerade hört – vielleicht auch mit verbundenen Augen.

Ab 2 Jahren: Geräusche erkennen

Kleine Köche und Bäcker ganz groß

Gemeinsam kochen und backen macht einfach Spaß! Außerdem lernt Ihr Kind eine Menge dabei, vor allem was die Geschicklichkeit seiner Hände und seine Fähigkeit zur Koordination und Organisation betrifft. Ihr Kind wird auch vielfältiger und gesünder essen, wenn es in die Zubereitung der Speisen einbezogen wird. Denn wenn es selbst beim Vor- und Zubereiten mitgemacht hat, sind seine Sinne für die Nahrung viel empfänglicher. Und durch die eigene Mühe und Beteiligung, durch das »Selbermachen«, bekommt das Essen zusätzlich einen ganz anderen Wert.

Kleine Köche ernähren sich gesünder

Walken und modellieren

Ab 1 1/2 Jahren: Teig kneten

Teig kneten ist eine Lieblingsbeschäftigung von Kindern: ein sinnliches Erlebnis, das zudem die Grob- und Feinmotorik unterstützt. Außerdem führt es zu schmackhaften oder kreativen Ergebnissen. Übrigens hilft es auch kleinen Trotzköpfen: Wut lässt sich prima in einen Teig kneten. Denken Sie auch an die Wirkung von Musik (siehe ab Seite 32): »Backe, backe Kuchen …« ist der ideale Rahmen dafür!

Erste Grundrezepte

Wenn Ihr Kind viel in der Küche mithilft, wird es bestimmt auch bald selbst etwas Leckeres kochen oder backen wollen.

Kneten, formen, backen – da werden Kinderträume wahr!

Es gibt viele Rezepte, die Kinder schnell und problemlos nachkochen können. In speziellen Kinder-Koch- und Backbüchern finden Sie Rezepte, die Ihr Kind nach und nach auch selbst kochen oder backen kann. Sie müssen sich allerdings noch als Vorleser und Hilfe in der Not bereithalten. Nehmen Sie Ihrem Kind aber nicht das Gefühl, Chefkoch und Hauptverantwortlicher zu sein. Natürlich darf es sein Gericht dann auch der Familie servieren. Selbstständigkeit, Selbstbewusstsein, Experimentierfreude und Risikobereitschaft Ihres Kindes werden immens davon profitieren!

Ab 4 Jahren: selbst backen

Einfacher Kuchenteig

Zutaten

Das brauchen Sie:
300 Gramm Mehl
2 Teelöffel Backpulver
75 Gramm Zucker
150 Gramm Quark
6 Esslöffel Milch
6 Esslöffel Öl
1 Päckchen Vanillezucker
1 Prise Salz

So wird's gemacht

▶ Alle Zutaten, außer Mehl und Backpulver, miteinander verrühren. Danach Mehl und Backpulver mischen und unter den Teig kneten. Bei 200 °C in einer Kuchenform etwa 30 Minuten lang backen.

TIPP!

Herzhafte Varianten mit Biss

▶ Ohne Zucker und Vanillezucker können Sie aus dem einfachen Kuchenteig auch andere Backwaren herstellen: Sie können Brötchen daraus backen, vielleicht mit Körnern, oder Pizza. Dafür fügen Sie dem Teig eine Pizzakräuter-Mischung zu und backen ihn dann etwas kürzer, etwa 20 Minuten.

Schneller Pizzateig

Zutaten

Das brauchen Sie:
225 Gramm Mehl
1/2 Teelöffel Salz
200 Milliliter Milch
eventuell 2 Teelöffel Zucker
50 Gramm Butter

So wird's gemacht

▶ Alle Zutaten verkneten. Den Teig auf einem Blech ausrollen, kurz im vorgeheizten Ofen bei 200 °C vorbacken und dann mit den Zutaten belegen, die Sie mögen – oder gerade zur Hand haben, zum Beispiel Salami, Gemüsestücke und Käse. Dann nochmals 20 Minuten backen.

Salzteig: schneller Knetspaß

Zutaten

Das brauchen Sie:
1 1/2 Tassen Mehl
1/2 Tasse Salz
1/4 Tasse Wasser
1/4 Tasse Speiseöl

TIPP!

Teig für kleine Modelliermeister

Möchten Sie statt Salzteig einen essbaren Teig backen, aus dem Ihr Kind auch Buchstaben und Zahlen formen kann? Dafür eignet sich Mürbeteig besonders gut:

▶ 200 Gramm Mehl mit 1 Ei, 100 Gramm Zucker, 1 Päckchen Vanillezucker und 70 Gramm zerkleinerter Butter schnell verrühren. Den Teig 2 Stunden in Alufolie gewickelt im Kühlschrank ruhen lassen. Dann kleine Stücke abschneiden, rollen, formen und 10 bis 15 Minuten bei 200 °C backen.

So wird's gemacht

▶ Zuerst das Wasser langsam in die Mehl-Salz-Mischung rühren, anschließend das Öl – ebenfalls langsam – zugießen. Wenn alles verrührt ist, gut mit den Händen verkneten. Den Teig in die gewünschte Form bringen und dann einige Minuten im Ofen backen. Dabei werden die »Modellstücke« hart und lassen sich dann später bemalen. So können Sie auch Puppenmöbel und Dinge für den Kaufladen mit Ihrem Kind selbst herstellen.

▶ Für bunten Kneteteig geben Sie vor dem Verrühren eine Lebensmittelfarbe in die Mischung.

Ab 1 1/2 Jahren: Teig kneten

▶ Den Salzteig können Sie mehrere Wochen im Kühlschrank in einer Plastiktüte aufbewahren. Wenn er trockener wird, reiben Sie ihn außen mit etwas Öl ein.

Erste Versuche ganz allein

Besonders geeignet für die ersten Versuche Ihres Kindes als »Chefkoch« sind einfache Gerichte wie Pudding oder Götterspeise: Die mögen alle Kinder gern – und können sie auch recht bald selbst zubereiten.

Ab 4 Jahren: selbst kochen

Am besten lesen Sie die Anleitung vor – und Ihr Kind misst die Zutaten ab, schüttet alles zusammen und verrührt das Ganze. Während der Pudding kalt wird, kann Ihr Kind ihn dann noch dekorieren.

Küchendienste

Auch nach dem Kochen und Essen gibt es in der Küche noch ausreichend zu tun – für Sie und für Ihr Kind.

▶ Die Behälter für verschiedene Zutaten müssen verschlossen und aufgeräumt, die Arbeitsflächen abgewischt werden.

▶ Kleine Kinder mögen das Abtrocknen und Abspülen meist sehr gern. Sie passen dabei gut auf – was natürlich nicht heißt, dass nichts passiert. Lassen Sie also das geerbte Familienservice lieber noch einige Jahre im Schrank und waschen Sie die scharfen Messer und anfangs auch die Gläser besser selbst ab.

Eine eigene Schüssel zum Abwaschen gefällt schon den ganz Kleinen.

Gemeinsam arbeiten bringt manchmal ein bisschen mehr Trubel mit sich – aber auf jeden Fall viel mehr Spaß!

Großer Spaß für kleine Spülhelfer

Ab $1\,^1/_2$ Jahren: abwaschen und abtrocknen

Im 2. Lebensjahr geben Sie Ihrem Kind am besten eine eigene Abwaschschüssel mit Spülbürste. So kann es alle Plastiksachen abwaschen, vor allem sein eigenes Geschirr. Abtrocknen ist am Anfang noch etwas schwierig, denn es erfordert eine Menge Koordinationsfähigkeit – aber auch die gewinnt Ihr Kind mit der Zeit.

Ab 2 Jahren: Spülmaschine ein- und ausräumen

Ab 2 Jahren: Besteck sortieren

Vielleicht besitzen Sie eine Spülmaschine. Ihr Kind wird dann sicher gern beim Ein- und Ausräumen der Spülmaschine mithelfen, Ihnen Teller und Tassen reichen und vor allem das Besteckkörbchen allein ausräumen wollen. Daraus können Sie ein schönes Spiel machen: Lassen Sie Ihr Kind das Besteck sortieren. Ab etwa 4 Jahren kann es das Besteck auch zählen. Oder es räumt das gesamte Besteck aus der Schublade, ordnet und zählt es. Wahrscheinlich haben Sie unterschiedliche Besteckmodelle, die Ihr Kind sortieren kann. Oder es kann jeweils einen Satz aus Messern, großen und kleinen Gabeln sowie Löffeln zusammenlegen.

Ab 4 Jahren: Besteck ordnen und zählen

Ab 4 Jahren: Lebensmittel sortieren und zählen

Übrigens können Sie Ihr Kind solche Sortier- oder Rechenspiele auch mit verschiedenen Lebensmitteln machen lassen.

Ab 2 Jahren: mechanische Küchengeräte handhaben

Lassen Sie Ihr Kind auch nach und nach – in Ihrem Beisein und mit Ihrer Hilfe – verschiedene mechanische Küchengeräte ausprobieren, wie zum Beispiel Dosenöffner, Korkenzieher, Salatschleuder und Zitronenpresse.

Vom Küchenhelfer zum Küchenchef

Ab 2 $^{1}/_{2}$ Jahren: Rollenspiele

Die Küche eignet sich bestens für Rollenspiele. Um seinen 3. Geburtstag herum wird Ihr Kind mehr und mehr Freude an dieser Art zu spielen entdecken und in alle möglichen Rollen schlüpfen wollen. Mal möchte es Küchenhelfer, mal Küchenchef, mal Kellner, mal Chefköchin sein. Schon mit wenigen Requisiten können Sie gemeinsam spielen: eine weiße Kochmütze und eine Schürze für den Koch, eine kleinere bunte Schürze oder ein Küchentuch um die Taille für den Helfer, die Fliege für den Kellner … und dann werden die Rollen auch mal getauscht.

Montessori-Hintergrund

Ein besonders schöner Stoffbeutel dient in der Montessori-Pädagogik als »geheimnisvoller Beutel«, der allerlei verschiedene Dinge enthält, die das Kind kennt. Das können beispielsweise Schlüssel, Murmeln, Steine und Wollknäuel sein. Das Kind soll die Gegenstände im Beutel durch Befühlen erkennen und benennen (ab etwa 3 Jahren). Der Inhalt des Beutels sollte immer mal wieder ausgetauscht werden. Außerdem kann das Kind den Beutel auch einmal für die Eltern füllen.

Für besondere Küchentage

Wenn Sie etwas mehr Zeit in der Küche haben und es weniger um das Mitmachen Ihres Kindes geht, sondern Sie ihm etwas Besonderes zeigen möchten, überraschen Sie es doch ab und an mal mit neuen Ideen – zum Beispiel mit den folgenden:

Ab 1 Jahr: Geschmackstest

▶ Ähnlich wie beim Geruchstest (siehe Seite 38) können Sie auch einen Geschmackstest veranstalten: Lassen Sie Ihr Kind einmal mit verbundenen Augen verschiedene Gewürze, aber auch Obst, Gemüse oder Wurst- und Käsesorten probieren.

Ab 1 $^{1}/_{2}$ Jahren: Gegenstände erfühlen

▶ Einen undurchsichtigen Beutel können Sie mit verschiedenen Lebensmitteln füllen, die Ihr Kind dann erraten darf. Im 2. Lebensjahr versuchen Sie es erst einmal mit wenigen größeren Dingen, wie einem Apfel, einer Birne oder einer Karotte. Später können Sie dann auch Reiskörner, Linsen, Erbsen oder Ähnliches im Beutel verstecken (siehe auch Kasten oben).

Ab 2 Jahren: mit Plätzchenformen ausstechen

▶ Mit Plätzchenformen kann Ihr Kind nicht nur Teig ausstechen. Ab und an darf es auch mal Brot, Wurst oder Käse damit in die richtige Form bringen und auf dem Teller anrichten.

Zusammenarbeit im »Labor Küche«

Etwas »in die Zange zu nehmen« trainiert die Koordination.

▶ Mit solchen »Brotzeitplätzchen«, einigen verschiedenen Rohkoststückchen und selbst gepflückten Kräutern wird Ihr Kind auch gern einmal einen »kalten« Teller dekorieren – und dabei vielleicht ein Gesicht oder eine Blume gestalten. Das wird wahrscheinlich eine Zeit lang dauern, deshalb eignet sich warmes Essen dafür nicht.

Ab 3 Jahren: Brote bestreichen

▶ Bei Gelegenheit bestreicht und belegt Ihr Kind vielleicht einmal die Brote für das Abendessen selbst – wenn es möchte, für die ganze Familie.

Ab 2 Jahren: Schaum schlagen

▶ Eines der begehrtesten Spielzeuge in der Küche ist der Handschneebesen. Damit spielen schon die Kleinsten gern. Füllen Sie in eine tiefe Plastikschüssel (für Teig) etwas Wasser und einige Tropfen Spülmittel. Stellen Sie die Schüssel in die Spüle und lassen Sie Ihr Kind kräftig Schaum schlagen – das eignet sich übrigens auch gut zum Abreagieren!

Ab 2 Jahren: mit Zangen greifen

▶ Suchen Sie einmal alle Zangen zusammen, die Sie in der Küche haben: die Holzzange vom Wok, die Grillzange, Zuckerzange, Eiszange oder eine andere. Ihr Kind kann mit den Zangen Topflappen, Lebensmittel, Pappteller, Plastikgeschirr oder andere kleine Gegenstände transportieren – und dabei ganz spielerisch seine feinmotorischen Fertigkeiten ideal schulen.

Ab 1 Jahr: Küchentürme bauen

▶ In der Küche lassen sich auch ganz wunderbare Küchentürme bauen: aus Töpfen, Plastikdosen und -bechern, Pappbechern, Metall- oder Plastikschüsseln, Messbechern – eigentlich aus allem, was unzerbrechlich ist. Dabei lernt ein Kind viel über unterschiedliche Materialien, die Bedeutung von Größe und Gewicht und über planendes Vorgehen bei einer Tätigkeit.

Ab 1 Jahr: Schüsseln ineinander stellen

▶ Sie können Ihrem Kind auch verschiedene Plastik- und Metallschüsseln zum Ineinanderstellen geben. Es kann so durch Ausprobieren spielerisch lernen, wie es später einmal Dinge nach ihrer Größe sortieren kann.

▶ Wenn Sie wieder einmal Ihren Kühlschrank reinigen müssen, können Sie ihn dazu mit Ihrem Kind gemeinsam aus- und wieder einräumen. Es lernt dabei, was in welches Fach passt, wohin die Eier, die Flaschen und das Gemüse gehören.

An Mutters Fersen durchs Haus

Neben der Küchenarbeit gibt es für Ihr Kind noch eine Menge in der Wohnung oder im Haus »zu tun«: Ob aufräumen, putzen, Wäsche waschen – bei allen Tätigkeiten können Sie Ihr Kind fördern, indem Sie es dabei sein lassen, beteiligen und ihm zeigen, wie alles geht. Dabei lernt es eine ganze Menge: sich zu orientieren, Arme und Beine (Grobmotorik) sowie die Hände (Feinmotorik) zu koordinieren, Handlungsabläufe zu verfolgen, den Sinn von Tätigkeiten zu verstehen, seinen Verstand und sein Gedächtnis zu gebrauchen und noch viel, viel mehr! Nicht zuletzt lernt Ihr Kind auch, seine Umgebung »schön« und sauber zu halten.

Ganz nebenbei trainiert Ihr Kind unermüdlich

Das Wichtigste beim »Arbeiten« ist immer, dass es Ihrem Kind Spaß macht. Und das tut es bestimmt, wenn das Kind überall mitmachen darf, kleine Aufträge bekommt und in seinem Tun von Ihnen bestätigt und immer wieder gelobt wird.

Zugegeben: Perfektionistische Mütter haben es da nicht leicht – aber wollten Sie nicht ohnehin Ihren Perfektionismus endlich loswerden? Das ist die Gelegenheit! Wenn Sie Ihre gemeinsamen Tätigkeiten nun noch spielerisch verpacken und etwas Geduld aufbringen, kann's eigentlich losgehen – erst nach dem Sicherheitscheck natürlich (siehe Kasten auf Seite 46).

Montessori-Hintergrund

In ihren »Übungen des praktischen Lebens« hat Maria Montessori wichtige Lebensbereiche aufgeführt, in denen Kinder Lebenspraktisches lernen (ab Seite 13). Einer davon ist die »Sorge für die häusliche Umgebung«. Dazu gehören folgende Tätigkeiten:

- säubern (abstauben, Tisch und Boden kehren, saugen)
- waschen (Tisch und Boden wischen, Fenster putzen, Geschirr spülen)
- polieren (Silber, Messing, Kupfer, Holz; Spiegel putzen)

Ziel aller »Übungen des praktischen Lebens« ist es, grob- und feinmotorische Fähigkeiten, die Freude an der Tätigkeit und den Ordnungssinn zu fördern. Außerdem geht es um die Fähigkeit, Gelerntes im täglichen Leben anzuwenden, selbstständig und unabhängig zu werden sowie zu lernen, mit den Dingen des Alltags umzugehen, sie zu »beherrschen«, und sich in seiner Umgebung zu orientieren.

WICHTIG

Sicherheitscheck im Haushalt

- Statten Sie sämtliche Steckdosen mit den dafür erhältlichen Kindersicherungen aus.
- Verstecken Sie Kabel von Elektrogeräten.
- Ziehen Sie alle Schrank- und Türenschlüssel ab.
- Ziehen Sie grundsätzlich immer bei allen Elektrogeräten nach Gebrauch den Stecker aus der Dose.
- Sichern Sie Treppen mit Gittern, solange Ihr Kind noch nicht Treppen steigen kann.
- Verstauen Sie Chemikalien, Putzmittel und Medikamente außer Reichweite.
- Scharfe Ecken und Kanten an Möbeln sollten Sie in den ersten Lebensjahren Ihres Kindes mit Plastikecken »abrunden«.
- Denken Sie daran: Tischdecken und Vorhänge reizen Kleinkinder zum Ziehen.
- Lassen Sie scharfe Messer, Scheren, Streichhölzer nie in Reichweite Ihres Kindes liegen.
- Heizkörper sollten Sie abdecken oder größere Möbelstücke davor stellen.
- Achtung mit dem heißen (und auch mit dem kalten!) Bügeleisen.
- Damit Ihr Kind nicht selbstständig die Fenster öffnen kann, sollten Sie Fenstersicherungen anbringen.
- Hängen Sie keine Tücher über Lampen im Kinderzimmer, um sie zu verdunkeln – sie könnten brennen! Besser: einen Dimmschalter einbauen lassen oder ein Nachtlicht benutzen, das man in die Steckdose stecken kann.
- Legen Sie Plastiktüten immer außer Reichweite des Kindes (Erstickungsgefahr!).

Wie Kinder Ordnung halten

Kleine Kinder sind – zumindest phasenweise – regelrechte »Ordnungshüter«, manchmal sogar Ordnungsfanatiker. Das zeigt ihr immenses Bedürfnis nach Sicherheit. Versuchen Sie, den Ordnungssinn Ihres Kindes zu akzeptieren und in positiver Weise zu unterstützen – die schlampige Phase kommt noch früh genug! Sicher, die Ordnungswut Ihres Kindes entspricht vermutlich nicht unbedingt Ihrer Vorstellung von Ordnung. Und auch Pedanterie ist nicht jedermanns Sache.

Die »ordentlichen« Jahre vergehen bestimmt

Ordnung gibt Sicherheit

Lassen Sie Ihr Kind auf jeden Fall sein Bedürfnis nach Ordnung ausleben, denn daraus schöpft es enorme Sicherheit für sein Leben. Außerdem ist das Aufräumen eine wichtige Gedächtnisschulung und Voraussetzung für das systematische Denken und die räumliche Vorstellungskraft. Also: Machen Sie sich mit Ihrem Kind auf die Socken und räumen Sie gemeinsam im Haushalt auf. Wichtig dabei ist, dass jedes Teil seinen festen Platz hat. Sonst kann sich Ihr Kind nicht orientieren und lernt auch nicht, Ordnung zu halten.

Ab 2 Jahren: aufräumen

Aufräumen leicht gemacht

Bedenken Sie , dass Kinder meist ihre »eigene Ordnung« haben: Was auf uns chaotisch wirkt, kann durchaus systematisch und in den Augen Ihres Kindes sinnvoll geordnet sein.

Chaos mit System

Im Kinderzimmer sollten Sie die »persönliche Ordnung« Ihres Kindes deshalb möglichst respektieren. Das bedeutet allerdings nicht, dass hier alle Spielsachen über den Boden verstreut liegen, so dass buchstäblich kein Durchkommen mehr ist. Versuchen Sie in diesem Fall, Ihr Kind auf spielerische Weise zum Aufräumen zu motivieren.

Ab 2 Jahren: Aufräum-Wettspiel

▶ Vielleicht veranstalten Sie einfach ein Aufräum-Wettspiel: Gibt es heute einen neuen Rekord? Die Stoppuhr wird´s zeigen! Oder: Ist das Zimmer aufgeräumt, noch bevor das Lied aus der Spieluhr oder dem Kassettenrekorder zu Ende ist?

Ab 3 Jahren: Spielsachen zählen

▶ Ein anderes Mal können Sie Zählspiele machen: Wie viele Autos kommen ins Regal, wie viele Stofftiere, wie viele Puppen? Kleineren Kindern können Sie vorzählen, sie werden dann bald versuchen, mitzuzählen. Mit 3 Jahren kann Ihr Kind dann schon selbst bis drei oder vier zählen.

Ab 2 Jahren: Mengen vergleichen

▶ Ab 2 Jahren können Sie Ihr Kind auch vergleichen lassen: Wovon gibt es mehr – Autos oder Bären?

Ein festes Ordnungssystem erleichtert Kindern das Aufräumen.

Von Zeit zu Zeit können Sie auch gemeinsam mit Ihrem Kind ein neues Ordnungssystem für sein Zimmer finden. Alles, mit dem es gerade am liebsten spielt, kommt in die große Kiste oder auf die untersten Regalbretter.

Ab 4 Jahren: Materialien sortieren

Vielleicht sortieren Sie das Spielzeug auch nach Materialien: die Holzteile in ein Regal, die Plastikteile in das nächste, die Stoffteile wieder in ein anderes. Sie können Autos, Stofftiere und Bücher auch nach Größe sortieren.

Ab 2 1/2 Jahren: Nach Größe sortieren

Mit Kindern ab 3 Jahren können Sie auch aus einem Spielzeugkatalog Abbildungen von Stofftieren, Autos und Puppen ausschneiden – oder welche malen – und die Bilder jeweils auf die Kiste kleben, die die abgebildeten Spielsachen beherbergen soll.

Kissenschlacht beim Bettenmachen

Ab 2 Jahren: Betten machen

Sogar beim gemeinsamen Bettenmachen und -beziehen lernt Ihr Kind eine Menge. Das Aufschütteln der Decken und Kissen, das Auflegen und Glattstreichen der Decke, das Beziehen eines Kopfkissens: All das sind Tätigkeiten, die eine Menge Koordination und Geschick erfordern. Außerdem kann Ihr Kind dabei üben, Knöpfe und Reißverschlüsse zu öffnen und zu schließen.

Ab 3 Jahren: Knöpfe und Reißverschlüsse öffnen und schließen

»Belohnen« Sie Ihr Kind doch schon mal im Voraus für seine Hilfe – mit Toben in den Betten und mit einer lustigen Kissenschlacht. Danach macht die gemeinsame Arbeit bestimmt noch viel mehr Spaß!

Betten machen, Kissen beziehen – Arbeiten, die zusammen zum fröhlichen Spiel werden.

Im Duett: putzen, saugen, Staub wischen

Kinder putzen – im Gegensatz zu uns Erwachsenen – meist erstaunlich gern. Beim gemeinsamen Hausputz wird der Funken der Begeisterung wahrscheinlich sogar auf die Großen überspringen – probieren Sie es aus!
Wenn Sie mit dem Staubsauger durch die Zimmer wandern, empfindet Ihr Kind anfangs vielleicht Scheu vor diesem unheimlichen Ding mit dem langen Schlauch, das laut surrend alles Mögliche verschlingt. Nach einiger Zeit wird die kindliche Neugier aber auch hier siegen, und es wird sich dem Ungeheuer vorsichtig nähern. Bald wird Ihr Kind dann selbst saugen wollen und fasziniert ausprobieren, was die Düse so alles schluckt. Vielleicht müssen Sie sogar »Extra-Dreck« verstreuen, damit der Erfolg noch sichtbarer wird. Auf jeden Fall sollten Sie alle Kleinteile, die Sie behalten wollen, noch schnell vorher in Sicherheit bringen, sonst sind sie vielleicht weg! Sie können auch schon die ganz Kleinen selbst staubsaugen lassen – vorausgesetzt, Sie nehmen es mit der Gründlichkeit nicht allzu genau, oder Sie haben vorher schon selbst Ecken und schwer erreichbare Stellen gesaugt.

Ab 1 ½ Jahren: staubsaugen

TIPP!

Lieber »richtig« mitmachen!

Meist wollen Kinder lieber Originale als Kopien: Fegen mit dem Spielbesen macht ihnen weniger Freude als mit dem großen Ding von Mama. Dasselbe gilt für Staubsauger, Wischmopp & Co.
Die Spielzeugversionen sind meist nur ein unzureichender Ersatz und erfüllen lediglich als Gegenstände der Imitation ihren Zweck: wenn Ihr Kind also das nachspielt, was es bei Ihnen sieht, in Rollenspielen etwa in der Puppenecke oder im Kaufladen.

Erste Versuche mit Besen, Staubtuch & Co.

Ähnlich wird es beim Kehren sein: Der Umgang mit dem Besen verlangt wie das Saugen die geschickte Koordination verschiedener Bewegungsabläufe und bedarf einiger Übung. Vielleicht fällt Ihrem Kind am Anfang das Kehren mit dem kleinen Besen und der Schaufel leichter.
Durch das Mitmachen – nicht Nachmachen – der täglichen Arbeit wachsen im Kind das Vertrauen in die eigene Leistungsfähigkeit, Verantwortungs- und Selbstbewusstsein und das Gefühl, etwas Sinnvolles für seine Familie getan zu haben. All das wird beim »Arbeiten« mit Spielzeugimitaten nicht erreicht (siehe auch Kasten links).

Ab 2 Jahren: kehren

Übung macht kleine Meister

Grundsätzlich gilt für den Umgang mit Haushaltsgeräten: Ihr Kind muss deren Gebrauch erst lernen. Das bedeutet, dass Sie Ihrem Kind vormachen und zeigen, wie etwas getan wird – und zwar mehrmals. Dann kann Ihr Kind es Ihnen nachmachen. Geben Sie ihm aber ausreichend Zeit und genug Gelegenheiten zum Üben, sonst wird es bald frustriert aufgeben.

Ab 1 1/2 Jahren: abstauben

Diese Regel gilt zum Beispiel auch für den Gebrauch eines Staubtuchs. Bestimmt staubt Ihr Kind gern mit Ihnen gemeinsam alles Mögliche ab – ein Staubwedel ist natürlich der Hit! –, aber auch das Abstauben will erst gelernt sein. Zeigen Sie Ihrem Kind also, wie es das Tuch halten muss, wie es systematisch wischt, wie es die Gegenstände anfassen muss, damit es möglichst keine Scherben gibt, und wie es das Tuch nach getaner Arbeit wieder ausschüttelt oder auswäscht.

Waschen und wischen: nasser Putzspaß

Ab 2 Jahren: Tisch abwischen

Putzen an sich ist schon toll für Ihr Kind. Aber alles, was mit Wasser zu tun hat, macht ihm doppelt Spaß! Also: Bevor Sie den Tisch abwischen, die Fenster putzen, Bäder oder Böden reinigen, fragen Sie immer Ihr Kind, ob es mitmachen oder Ihnen helfen möchte. Und keine Sorge: Die Wasserlachen werden nach und nach weniger, und Ihr Kind wischt sie am Ende bestimmt gern mit einem trockenen Tuch wieder auf – mit Ihrer Unterstützung ist dann bald alles wieder trocken.

Die Hits: Fenster putzen und Böden wischen

Richtig gut wird Ihrem Kind das Fensterputzen gefallen, wenn es diese vorher noch mit den Händen beschmieren darf. Vielleicht kann es auch mal mit wasserlöslichen Fingerfarben großflächig malen, bevor geputzt wird?

Ab 2 Jahren: Fenster putzen

▶ Dann zeigen Sie Ihrem Kind, wie geputzt wird: Erst mit einem nassen Tuch die Scheiben wischen, dann mit dem Fensterleder, zerknülltem Zeitungspapier oder einem Gummiwischer.

Ab 2 Jahren: Boden wischen

▶ Wenn Sie einen Wischmopp besitzen, kann Ihr Kind Ihnen auch beim Wischen der Böden besonders gut helfen. Denn der Mopp lässt sich leichter auswringen als ein normaler Wischlappen. Ebenso gut geeignet ist ein einfacher Schrubber. Sie können Ihr Kind auch erst etwas mit dem nassen Mopp oder Schrubber auf den Stein- oder Fliesenboden malen lassen, bevor gewischt

Ab 2 Jahren: Bad reinigen

wird. Und auch die Wandfliesen im Bad darf Ihr Kind zuerst einmal kräftig abschrubben, bevor es sie dann so richtig zum Glänzen bringt.

Einfach alles Müll?

Wohl in beinahe jedem Haushalt wird heute Müll getrennt. Kinder lernen die Kriterien dafür recht schnell. Glas und Papier zu sortieren ist am einfachsten. Sie können Ihrem zweijährigen Kind dazu schon bald kleine Aufträge erteilen: »Sammle alle Papierabfälle ein und lege sie in die Papierkiste.« Ihr Kind wird auch gern die Zeitungsstapel in die Papiertonne werfen. Ebenso können Sie es mitnehmen, wenn Sie

Kinder sind bei solchen Aufgaben gewissenhaft und voller Eifer.

TIPP!

Kindgerechtes »Recycling«

Nicht alles ist Abfall, was auf den ersten Blick so scheint. Aus vielem vermeintlichen Müll lässt sich noch schönes Spielzeug herstellen (siehe ab Seite 112).

Glas zum Container bringen. Es wird gern das grüne, braune und weiße Glas trennen und in die richtigen Öffnungen werfen, wenn Sie es dafür hochheben. Das Trennen biologischer Abfälle ist für kleine Kinder noch zu kompliziert. Aber nach und nach wird es auch in diese Aufgabe hineinwachsen. Wenn Sie einen Komposthaufen im Garten haben (siehe Seite 60), kann Ihr Kind die Küchenabfälle dahin bringen – ansonsten in die Biotonne.

Ab 2 Jahren: Müll trennen

Heute ist Waschtag

Gerade in einem Haushalt mit Kindern gibt es reichlich Wäsche zu waschen. Deshalb werden Sie wohl beinahe täglich etwas mit Wäsche zu tun haben: Waschmaschine füllen und leeren, Wäsche aufhängen, abnehmen, zusammenlegen und in die Schränke einräumen – bei all diesen Tätigkeiten gibt es für Kinder jede Menge Interessantes zu tun.

Das Waschen vorbereiten

Ab 2 Jahren: Wäsche sortieren

Schon vor dem Waschen kann Ihr Kind den Wäschestapel nach heller und dunkler Wäsche sortieren. Das wird es bald schon alleine können. Lassen Sie Ihr Kind auch an der Wäsche riechen: Wie riecht getragene Wäsche, wie frisch gewaschene? Ihr Kind wird bald ein feines Näschen bekommen und vielerlei Gerüche unterscheiden können.

Sehen, fühlen, anfassen

Hat Ihre Waschmaschine ein Guckloch? Dann wird es Ihrem Kind gefallen, beim Wäschewaschen zuzuschauen. Dort kommen Waschpulver und Weichspüler, da läuft ein neuer Schwall Wasser ein, und direkt vor der Nase des kleinen Zuschauers wird die blaue Socke, die er gestern noch anhatte, vorbeigespült.
Sie können Ihr Kind auch immer mal wieder auf die Maschine setzen, wenn sie läuft. Da bekommt es den Rhythmus der Maschine mit, die Bewegungen der Trommel, die die Wäsche transportiert. Und beim Schleudern wird es schließlich besonders lustig. So manche Mutter schwört ja auf die laufende Waschmaschine als Schlafmittel für ihr Baby. Das wird Ihnen natürlich bei den Größeren nicht mehr gelingen, dafür finden sie das alles viel zu spannend! Ist die Wäsche fertig gewaschen, darf Ihr Kind die nassen Teile in den Wäschekorb füllen. Das fühlt sich gut an – und

Ab 1 Jahr: Wäschekorb füllen

Interessantes »Kinderprogramm«: der Schleudergang.

riecht so frisch! Bestimmt hilft Ihr Kind Ihnen dann gern, den Wäschekorb zu tragen, denn »Kinder tragen gern Schweres«, wie Maria Montessori bemerkte. Und mit Ihrer Hilfe – natürlich nicht allein – wird es den Korb auch schaffen.

Die Wäsche aufhängen ...

Ab 1 1/2 Jahren: Wäsche aufhängen

▶ Beim anschließenden Aufhängen ist Ihr Kind sicher auch gern dabei. Benutzen Sie am besten einen niedrigen Wäscheständer oder hängen Sie im Garten einige Wäscheleinen tiefer, damit Ihr Kind auch selbst Wäsche aufhängen kann. Vielleicht findet es unter allen Kleidungsstücken die heraus, die ihm gehören, und hängt sie auf? Oder es darf alle Kleinteile wie Socken und Unterwäsche aufhängen.

Ab 3 Jahren: Wäsche nach Farben oder Größe sortieren

▶ Dreijährige kennen schon einige Farben: Sie können zuerst alle gelben, dann die roten, blauen, grünen Teile aufhängen. Solche Aufgaben lassen sich beliebig variieren und bringen für Sie beide Abwechslung in die täglichen Arbeiten. Falls Ihr Kind (noch) keine Lust hat, die Wäsche aufzuhängen, reicht es Ihnen vielleicht die Klammern. Oder es kann sich nur mit dem Sortieren der Wäscheklammern beschäftigen, sie zählen oder sie ohne Wäsche auf die Leine klemmen.

Ab 3 Jahren: Wäscheklammern sortieren und zählen

... und später einräumen

Ab 1 1/2 Jahren: Wäsche abnehmen

▶ Auch beim Abnehmen der Wäsche kann Ihr Kind mitmachen – und den Stapel frischer Wäsche dann wieder nach allerlei Kriterien sortieren: Vielleicht macht es für jedes Familienmitglied einen Stapel. Kann es die Teile schon zuordnen? Wenn es möchte, kann es die Wäsche auch nach Größe und Farben sortieren, oder nach Kleidungsstücken: alle Socken auf einen Haufen, alle Hemden, T-Shirts, Hosen …

Ab 1 1/2 Jahren: Sockenspiel

▶ Sie können auch ein kleines Sockenspiel machen: Sie ziehen aus einem Stapel eine Socke – und Ihr Kind muss die zweite dazu finden.

Ab 2 Jahren: Socken sortieren

▶ Zweijährige können dann die Socken schon allein sortieren, ineinander wickeln und in den Schrank räumen.

TIPP!

Bügeln? Aber sicher!

Bügeln ist eine sehr gefährliche Angelegenheit. Wenn überhaupt, sollten Sie Ihr Kind frühestens ab 5 Jahren, nur nach genauen Instruktionen und in Ihrem ständigen Beisein an das schwere Bügeleisen lassen. Eine gute und sichere Alternative ist hier ausnahmsweise ein Spielbügeleisen mit einer Eisenfläche, die sich am echten Bügeleisen kurz anwärmen lässt. Damit kann Ihr Kind weniger zerknitterte Teile etwas glätten.

Am Wäschetrockner

Ab 1 1/2 Jahren: Wäschetrockner füllen und leeren

▶ Wenn Sie einen Wäschetrockner besitzen, wird es Ihrem Kind Freude machen, die nasse Wäsche aus der Waschmaschine in den Trockner zu füllen und sie dann trocken wieder zu entnehmen. Und auch der Duft und die Wärme, die beim Trocknen verströmen, laden Kinder zum Verweilen ein.

▶ Das anschließende Reinigen des Flusensiebes übernehmen Kinder ebenfalls gern – und rollen dabei am liebsten Bälle aus den verfilzten Flusen.

Kleidung und Schuhe bürsten

Ab 2 Jahren: Kleidung bürsten

▶ Bestimmt macht es Ihrem Kind auch Spaß, Staub oder Flecken aus Kleidungsstücken zu bürsten. Dabei kann es schwungvoll hantieren und die besondere Beschaffenheit einer Bürste genau untersuchen.

Ab 2 Jahren: Schuhe putzen

▶ Ebenso beliebt ist das Schuheputzen bei Kindern. Da lässt sich der Dreck herrlich abbürsten, und der Erfolg ist sofort sichtbar. Das ist übrigens auch eine gute Gelegenheit zum Abreagieren! Das anschließende Polieren macht den Kleinen ebenfalls Freude. Vielleicht möchte Ihr Kind zum Schluss noch die Schuhe zubinden, damit sie perfekt aussehen?

Spielideen – falls mal mehr Zeit ist

Wenn Sie ab und an mal etwas mehr Zeit haben, machen Sie doch neben der Hausarbeit noch ein paar »Extra-Haushaltsspiele« mit Ihrem Kind. Hier einige Ideen und Anregungen:

Ab 2 Jahren: Papierkorb leeren

▶ Vielleicht darf Ihr Kind einmal den Papierkorb ausräumen und dann alles in den Papierabfall bringen? Zwischen den alten Sachen findet sich sicher viel Interessantes für Ihr Kind: zerknüllte und bunte Papiere, Kartons, Zeitungen und Prospekte.

▶ Sie können Ihrem Kind auch die Küchenwaage auf den Tisch stellen. Darauf kann es verschiedene Sachen abwiegen: Holzbausteine, Obst, Zeitungen … Zeigen Sie ihm, wie man richtig mit der Waage umgeht, und fragen Sie, wie viel etwas wiegt, was schwerer ist und was leichter.

Eine Arbeit mit sichtbarem Erfolgserlebnis: Schuhe auf Hochglanz bringen.

▶ Besonders schön ist es, wenn Sie eine alte Waage mit Gewichten haben. Dadurch bekommt Ihr Kind ein gutes Gefühl dafür, wie unterschiedlich schwer etwas sein kann.

Ab 3 Jahren: Gegenstände wiegen

▶ Mit der Personenwaage kann Ihr Kind auch sich, einen Wäschekorb voll Wäsche (vor und nach dem Waschen) oder größere Gegenstände wiegen und deren Gewicht vergleichen.

Ab 5 Jahren: Menschen und Gegenstände abmessen

▶ Mit einem langen Lineal, einem Maßband (aus dem Nähkorb) oder einem Zollstock aus dem Werkzeugkasten kann Ihr Kind ab etwa 5 Jahren mal so richtig »auf Messung gehen«: Es kann alle seine Familienmitglieder messen, aber auch seine Spielsachen wie Stofftiere, Puppen und Autos.

Ab 4 Jahren: Geräte zerlegen

▶ Ein ganz besonderes Geschenk machen Sie Ihrem Kind bestimmt, wenn Sie ihm ein altes Gerät geben, das es zerlegen darf. Das könnte eine alte Kaffeemühle, ein Radio, eine Taschenlampe, eine alte Zeigeruhr oder eine Fahrradklingel sein. Damit Ihr Kind nicht etwa auf die Idee kommt, den Stecker in die Steckdose zu drücken, schneiden Sie am besten sicherheitshalber vorher das Kabel ab.

Ab 2 Jahren: Geräte zusammen- und auseinander bauen

▶ Falls Sie kein altes Gerät haben, können Sie Ihrem Kind ab etwa 2 Jahren auch – natürlich nicht angeschlossen – einen Küchenmixer mit Zubehör, die Küchenmaschine (ohne scharfe Teile) oder einen Schnellkochtopf zum Zusammen- und Auseinanderbauen geben.

Ab 2 Jahren: Haushaltsbeutel

▶ Füllen Sie immer wieder einmal einen »geheimnisvollen Beutel« mit verschiedenen Haushaltsgegenständen (siehe auch Seite 43): Stecken Sie zum Beispiel eine Wäscheklammer, einen Stift, Watte, Tannenzapfen, Papier oder eine Socke in einen undurchsichtigen Beutel, einen Waschhandschuh oder einen Sofa-Kissenbezug. Ihr Kind darf mit geschlossenen Augen fühlen und raten, was es ist. Sie können das Spiel auch unter einem großen Tuch auf dem Tisch oder dem Boden spielen.

Ab $1\,^1/_2$ Jahren: Gegenstände erfühlen

Ab 4 Jahren: Beutelpaare

▶ Ist Ihr Kind etwas älter (ab etwa 4 Jahre), können Sie das Spiel etwas schwieriger gestalten: Machen Sie aus Salzteig oder zur Weihnachtszeit aus Plätzchenteig immer zwei gleiche Gebäckteile (Sterne, Engel, Herzen), die Ihr Kind im geschlossenen Beutel finden soll.

Ab 2 Jahren: Spielzeug reinigen

▶ Sie können Ihr Kind auch ab und an sein Plastik-Spielzeug waschen und mit einer alten Zahnbürste oder einer kleinen Bürste abschrubben lassen. Bereiten Sie dazu am besten eine große Schüssel oder einen Eimer Seifenwasser vor, den Sie Ihrem Kind ins Badezimmer stellen.

Kleine Gärtner

Bekanntschaft mit der Natur schließen

Auch wenn Sie keinen Garten besitzen, können Sie Ihr Kind zu Hause mit der Natur vertraut machen: Damit Ihr Kind die Pflanzenwelt und den Kreislauf der Natur kennen lernt, genügt schon eine Ecke auf dem Balkon oder eine Fensterbank. Auch dort gedeihen Pflanzen, die versorgt werden wollen.
Wenn Sie einen Garten haben, gibt es für Ihr Kind natürlich noch einiges mehr zu erleben und »zu tun«.

WICHTIG

Sicherheitscheck auf der Fensterbank und im Garten

- Vorsicht: Blumenerde und Blumenwasser sind wegen des darin enthaltenen Düngers giftig.
- Verzichten Sie auf schleimhautreizende Zimmerpflanzen wie Dieffenbachia und Philodendron.
- Räumen Sie Gartengeräte wie Harke, Gartenschere und Rasenmäher sicher weg.
- Sichern Sie den Gartenteich.
- Überprüfen Sie, ob es Schlupflöcher im Zaun gibt, und schließen Sie diese.
- Entfernen Sie alle giftigen Pflanzen wie Eibe, Maiglöckchen, Seidelbast und andere aus Ihrem Garten.

Kinder erleben den Kreislauf der Natur

Alles, was schnell wächst, hat den Vorteil, dass Ihr Kind die Veränderungen besser wahrnehmen kann, denn es fällt kleinen Kindern noch sehr schwer, über längere Zeiträume hinweg Zusammenhänge herzustellen.
Ihr Kind wird Veränderungen auch besonders gut wahrnehmen, wenn es die Verantwortung für die Pflege der Pflanzen übernimmt. Das bedeutet jedoch nicht, dass Sie es nicht mehr daran erinnern müssen, sein Pflänzchen zu gießen.

Ab 2 Jahren: Pflanzen gießen

Sehr schön sind für Kinder blühende Pflanzen, weil sie durch deren Entwicklung den Kreislauf der Natur besonders anschaulich miterleben können.
Pflanzen, die sich für Haus oder Garten am besten eignen, finden Sie im Kasten auf Seite 59. Wenn Sie einen Balkon haben, können Sie Ihrem Kind im Frühjahr einen Blumenkasten »vermachen«. Darin darf es dann seine eigenen Blumen, Kräuter und Samen pflanzen und sich regelmäßig um sie kümmern.

Vom Samen zum Bäumchen

Ab 2 Jahren: Pflanzen ziehen

Will sich Ihr Kind eine eigene Pflanze ziehen, eignen sich dafür Orangen- und Zitronenkerne besonders gut: Ihre Aufzucht ist relativ einfach – und das Ergebnis beeindruckend.
Die Kerne werden zum Quellen für einen Tag in warmes Wasser gelegt und dann in eine kleine Vertiefung in einen Blumentopf mit Erde gelegt, mit Erde bedeckt und gegossen. Dann wird eine Plastiktüte darüber gestülpt – und nach drei bis vier Tagen zeigen sich die ersten Keimlinge. Jetzt entfernen Sie die Plastiktüte und gießen die Pflänzchen wieder. Dann den Blumentopf auf die Fensterbank stellen. Bei mehreren Keimlingen müssen diese nach einigen Tagen einzeln eingetopft werden.

Köstliche Erfolge – und ganz schnell

Ergebnisse, die man sich schmecken lassen kann

Neben blühenden Pflanzen eignet sich auch Essbares sehr gut, um unter kindlicher Obhut aufgezogen zu werden. Bohnen und diverse Kräuter versprechen schnellen Wachstumserfolg – sogar auf der Fensterbank.
Ihr Kind kann dazu die Fächer eines Eierkartons (siehe Kasten Seite 58) mit Erde füllen. Dann werden die Samen darauf verteilt und festgedrückt, Nun noch gießen – und mit Spannung die ersten Pflanzenspitzen erwarten! Bedecken Sie den »Mini-Garten« mit Plastikfolie, dann geht die Saat schneller auf.
Wenn die ersten Samen treiben, können Sie die Folie entfernen und den Karton auf die Fensterbank stellen.
Jeden Tag kann Ihr Kind nun den Erfolg beobachten – sogar messen – und schließlich ernten.

Montessori-Hintergrund

Einer der Bereiche, zu denen es »Übungen des praktischen Lebens« gibt, ist die Blumen- und Gartenpflege.
Maria Montessori empfiehlt dazu folgende Übungen:

- Blumenpflege im Haus (zum Beispiel Schnittblumen schneiden und arrangieren, Topfpflanzen pflegen, Trockenblumen und Gestecke arrangieren)
- Gartenpflege (dazu gehören Tätigkeiten wie säen, ernten und jäten)

Mit einem kleinen Set von Geräten wird das Gärtnern noch schöner.

Sprossenwunder

Ab 2 Jahren: Sprossen säen und ernten

Auch Sprossen gedeihen schnell auf der Fensterbank und können schon nach wenigen Tagen verzehrt werden. Dafür eignen sich Sprossengefäße (die gibt es im Bioladen oder beim Floristen) oder auch einfache Lebensmittelgläser mit Rand, so dass Sie daran ein Stofftaschentuch mit einem Gummiring befestigen können. Die Samen – Alfalfa, Senf, Mungobohnen und andere – werden nach der Anleitung auf den Tütchen gewaschen und direkt in die Gläser oder die Sprossenschale gegeben. Sie werden täglich mit frischem Wasser gefüllt, das wieder ablaufen muss. Bei der Schale geht das von selbst, das Glas stellen Sie dazu schräg nach unten auf eine Schale, so dass das Wasser abläuft und Luft drankommt. Die Sprossenernte schmeckt köstlich, ob im Salat oder auf Butterbroten. Um Kresse anzubauen, kann Ihr Kind auch einen neuen Badeschwamm verwenden. Er wird in eine Schale gelegt, die etwa einen Zentimeter hoch mit Wasser gefüllt ist. Den Schwamm mit den Kressesamen bestreuen. Nach einigen Tagen ist

Schnelles Wunder: der Kresseschwamm

TIPP!

Gärten im Kleinstformat

Eierkartons speichern Wasser und geben es dann allmählich wieder ab. Und in ihnen kann man viele verschiedene Sorten auf sehr kleinem Raum pflanzen. Deshalb eignen sie sich besonders gut zum Setzen kleiner Pflanzen oder Samen.

Mit einem eigenen Blumenbeet oder -kasten lernt Ihr Kind natürliche Abläufe kennen – und Verantwortung zu tragen.

der ganze Schwamm voller grüner Kresse, die nach etwa zehn Tagen gegessen werden kann.

Säen, pflegen, ernten im Gemüsegarten

Wenn Sie einen Garten haben, ist natürlich ein eigenes kleines Gemüsebeet ideal für Ihr Kind.

Ab 3 Jahren: Gemüsegärtner sein

Darin kann es viele verschiedene Sorten anpflanzen. Besonders gut eignen sich Pflanzen, die innerhalb weniger Tage oder Wochen sichtbar wachsen, wie Kräuter und Radieschen, oder solche, die eine reiche Ernte versprechen, wie Stangenbohnen. Auch Pflanzen mit besonders leckeren Früchten sind für Kinder attraktiv, etwa Tomaten, Erdbeeren, Himbeeren, Zucchini und Kürbisse. Letztere sind zudem imposante Gewächse, die Ihr Kind faszinieren werden.

TIPP!

Geeignete Pflanzen für Haus und Garten

Im Haus:

- Frühlingsblumen aus Blumenzwiebeln
- Mohnsamen
- Kräuter (zum Beispiel Dill, Schnittlauch, Basilikum, Petersilie)
- Senf
- Bohnen
- Zwiebel oder Knoblauch
- Zitronen-/Orangenkern
- (Kapuziner-)Kresse
- Wicken

Auf dem Balkon oder im Garten:

- Alle oben genannten
- Tomaten (Achtung: die grünen Teile sind giftig!)
- Kastanien- und Eichenbäumchen, aus den Früchten gezogen
- Kartoffeln
- Kapuzinerkresse (Klettersorte für Zäune)
- Sonnenblumenkerne

Gärtnern auf dem Balkon oder der Fensterbank

Auch wenn Sie keinen Garten haben, muss Ihr Kind nicht auf ein Gemüsebeet verzichten. Stellen Sie einfach verschiedene Pflanzgefäße (Blumentöpfe, Joghurtbecher, Eierkarton) mit Gemüsesamen oder Stecklingen in eine Obstkiste aus Holz. Auch Blumen finden in der Kiste ihren Platz, ebenso wie eine Schale mit Wasser, die allerlei Insekten anziehen wird. Große Tomatenkübel passen zwar nicht in die Gemüsekiste, aber die können Sie auch auf

dem Balkon ziehen, ebenso wie kleine Beerensträucher.
Wenn Ihr Kind die Früchte an den Pflanzen erntet, die es selbst gezogen hat, ist das natürlich die Krönung des Ganzen. Jede einzelne kleine Tomate, Beere oder Bohne wird sicher mit großem Genuss verspeist.

Pflanzen pflegen

Bestimmt haben Sie in Ihrer Wohnung einige Pflanzen, die gegossen werden müssen. Das können schon die Kleinsten übernehmen, wenn Sie die ersten Male dabei sind. Auch die vertrockneten Blüten und Blätter wird Ihr Kind gern abzupfen.

Ab 1 1/2 Jahren: Blumenpflege

Beim Umtopfen im Frühjahr gibt es ebenfalls eine Menge für kleine Hände zu tun. Die Erde in der Hand verschafft ein sinnliches Erlebnis. Alte Erde fühlt sich anders an als frische und feuchte anders als trockene. Denken Sie auch an die vielen Gerüche, die Ihr Kind bei solchen Arbeiten schnuppert. Ob Erde, Kräuter, Blüten – alles riecht ganz besonders: süßlich oder streng, manches sehr intensiv, anderes schwach. Gehen Sie gemeinsam auf Riechtour durch die Wohnung, auf dem Balkon und im Garten. Vielleicht kann Ihr Kind schon bald sagen, wie etwas riecht.

Schöne »Routine« im Garten

Im Garten gibt es noch mehr zu riechen. Neben Blumen und Kräutern sind Sträucher, Laub, Baumrinde, frisch gemähtes Gras, aber auch Kompost oder die Biotonne zu beschnuppern.

Ab 1 1/2 Jahren: Gras und Laub aufsammeln

▶ Schon mit gut einem Jahr können Kinder frisch gemähtes Gras oder abgefallenes Laub aufsammeln. Vielleicht haben Sie eine Schubkarre, oder das Kind nimmt seinen großen Spielzeuglaster, um Laub und Unkraut zu befördern. Später kann es Laub und Gras zusammenrechen.

Ab 2 1/2 Jahren: Laub rechen

Ab 5 Jahren: Rasen mähen

▶ Das Mähen mit einem Hand-Rasenmäher können Kinder übernehmen, sobald sie stark genug sind, das Gerät anzuschieben.

Ab 3 Jahren: Unkraut jäten

▶ Auch beim Unkraut-Erkennen und -Jäten macht Ihr Kind bestimmt gern mit. Ebenso beim gemeinsamen Zweige-Abschneiden oder -Sägen – dabei steht natürlich wieder die Sicherheit im Vordergrund.

Spielplatz Garten

Der Garten bietet eine ganze Menge weiterer spielerischer Fördermöglichkeiten für Ihr Kind. Ohne großen Aufwand, mit wenigen Handgriffen findet sich dort vieles, um die Entwicklung

Ihres Kindes ideal zu fördern:

- Der Blätterhaufen ist ein herrliches Spielfeld für Ihr Kind. Zuerst kann es Blätter sammeln oder zusammenharken, danach kann es sich hineinfallen lassen, das Laub zu Boden regnen lassen oder sich darunter verstecken. Auch im Blätterhaufen großzügig mit einer Harke zu wühlen macht viel Spaß.
- Ab 3 Jahren: Nistkasten bauen — Bauen Sie auch gemeinsam einen Nistkasten oder suchen Sie ein Vogelnest, das Ihr Kind im Frühjahr beobachten kann.
- Wenn Sie Holzabfälle gesammelt haben, können Sie ein kleines Feuer entfachen – am besten in der Dunkelheit.

Auf abenteuerlicher Entdeckungstour im Garten

Wenn Sie gerade beschäftigt sind, geben Sie Ihrem Kind doch mal eine Lupe in die Hand und lassen Sie es auf eine Erkundungsreise gehen: Es kann die Pflanzen im Topf oder im Garten genau untersuchen. Vielleicht entdeckt es auch kleine Tierchen in der Erde oder auf den Blättern.

Ab 2 Jahren: Lupen-Erkundungsreise

Auf einer Wiese gibt es ebenfalls Erstaunliches durch ein Vergrößerungsglas, am besten mit Becher, zu sehen. Ebenso auf der Rinde von Bäumen oder in einem Blätterhaufen. Vielleicht möchte Ihr Kind auch – sehr vorsichtig – Käfer und Schnecken sammeln, die es an einer bestimmten Stelle wieder freilässt.

Ab 3 Jahren: Käfer und Schnecken sammeln

Größere Kinder können auch schnell wachsende Pflanzen vermessen. Dazu eignen sich ein Lineal oder ein Stück Wolle. Die unterschiedlich langen Stücke kann Ihr Kind dann auf eine Karte kleben. Mit Datum versehen wird so eine interessante Chronik des Wachstums angelegt. So lassen sich unterschiedlich schnell wachsende Pflanzen auch gut miteinander vergleichen.

Ab 4 Jahren: Pflanzen vermessen

In einem Schuhkarton kann Ihr Kind eine möglichst alte Kartoffel aufbewahren. Es kann dann jeden Tag nachsehen, wie die Wurzeln wachsen. Wenn es ein Loch in die Seite bohrt, kommen die Wurzeln vielleicht sogar ans Licht.

Ab 2 Jahren: Kartonkartoffel beobachten

TIPP!

Nicht nur für den Garten

Wenn Sie keinen Garten haben, können Sie viele dieser Spiele auch im Wald oder auf einer Wiese im Park machen (ab Seite 103).

Ein Haus im Garten

Häuser, Burgen, kuschelige Verstecke – das finden die meisten Kinder wunderbar! Ein kleines Campingzelt oder ein Windschutzzelt für den Strand ist ein ideales Gartenhäuschen für Ihr Kind. Darin kann es sich sein eigenes Reich einrichten, mit seinen Puppen und Tieren spielen und vielleicht sogar sein Mittagsschläfchen halten. Eine Luftmatratze kann das Bett sein. Größere Kinder wollen vielleicht schon mal eine Nacht – eventuell mit ihren Geschwistern – im Zelt oder im Häuschen verbringen. Das erfordert viel Mut und Selbstvertrauen – und die bestandene Mutprobe wird Ihr Kind enorm »wachsen« lassen.

Sie können auch aus Bettlaken ein Haus für Ihr Kind bauen: Hängen Sie ein großes Laken so über einen Ast oder eine Wäscheleine, dass Sie die Enden mit Ziegelsteinen oder schweren Ton-Blumentöpfen straffen können.

Abenteuer pur: Erlebnisse im Baumhaus.

Dieses Haus bietet zudem einen prima Sonnenschutz. Es kann zum Beispiel auch über einem Sandkasten aufgespannt werden. Wenn Sie das Laken niedrig hängen, wird schon Ihr Einjähriges viel Spaß dabei haben, durch diesen Tunnel zu krabbeln.

Ab 1 Jahr: Lakentunnel

Ein Baumhaus ist einfach ein herrliches Bauwerk. Oft genügen schon wenige Latten und eine gute Strickleiter, um für Ihr Kind diesen Traum zu erfüllen – vorausgesetzt natürlich, es gibt einen geeigneten Baum.

Auch eine Strickleiter an einem Kletterbaum oder eine Hängematte zwischen zwei Bäumen lieben Kinder sehr.

Sport und Spiel im Freien

Garten und Terrasse bieten auch Gelegenheit für zahlreiche Spiele, bei denen sich Ihr Kind ausprobieren kann.

- Wenn Sie Steinfliesen auf der Terrasse haben, können Sie mit Kreide einen geraden Strich ziehen, auf dem Ihr Kind balancieren darf. Vielleicht hilft ein Schirm oder ein großer Besenstiel Ihrem Kind, das Gleichgewicht zu halten.

Ab 2 Jahren: auf der Linie balancieren

- Auch das Balancieren auf umgedrehten großen Blumentöpfen fördert den Gleichgewichtssinn.

Ab 2 Jahren: auf Blumentöpfen balancieren

- Mit großen Plastikblumentöpfen kann Ihr Kind ein Laufspiel machen: Ziehen Sie ein dickes Seil so durch das Loch am Boden des Blumentopfs, dass eine Schlaufe entsteht, die Ihrem Kind etwa bis zum Bauch reicht. Die Seilenden verknoten. Auf den Blumentöpfen soll Ihr Kind nun versuchen zu laufen – das ist eine gute Übung für die Motorik.

Ab 3 Jahren: Blumentopf-Laufen

Hauptsache Wasser

Wasser ist für Kinder ein faszinierendes Element (siehe auch Seite 50). So wird es sicher sofort zur Stelle sein, sobald Sie mit dem Wasserschlauch sprühen. Und bestimmt ist es glücklich, wenn Sie es bei Hitze mit dem Schlauch bespritzen und durch den Garten jagen. Stellen Sie auch den Rasensprenger an – Ihr Kind wird laut juchzend darum herumlaufen oder darüber hinwegspringen.

Erfrischung und faszinierendes »Spielzeug«: das Wasser.

▶ Von einem Planschbecken im Garten oder auf dem Balkon wird Ihr Kind ebenfalls begeistert sein. Es kann nicht nur darin sitzen, sondern auch mit einem Kescher auf »Fischfang« gehen – und Muscheln, Klammern, Münzen oder Blätter- und Pflanzenteile aus dem Wasser fischen. Das geht natürlich auch in der Badewanne oder beim Spaziergang an einem Bach.

Ab 1 1/2 Jahren: Fischfang

▶ Das Planschbecken eignet sich auch als Wasserbehälter, aus dem Ihr Kind Wasser schöpfen und die entnommene Menge dann messen kann. Geben Sie ihm Messbecher, Plastikflaschen und andere unzerbrechliche Gefäße, mit denen es schütten und gießen kann (siehe auch Seite 36). Auch die Blumen kann es mit einer Gießkanne voll Wasser aus dem Planschbecken versorgen.

Ab 1 Jahr: Wasser schütten und gießen

▶ Mit einem kleinen oder mittelgroßen Pinsel kann Ihr Kind den Terrassenboden mit Wasser »anstreichen« – und dabei beobachten, wie die Sonne das Wasser verdunsten lässt.

Ab 2 Jahren: mit Wasser malen

▶ Im Winter können Sie eine Eisbahn anlegen: einfach am Abend vor einer frostigen Nacht einen Eimer Wasser auf die Steine kippen. Wenn das Wasser gefroren ist, kann Ihr Kind darauf prima rutschen.

Ab 2 Jahren: Eisrutsche

Einkaufen – das ist aufregend!

Rund um das Einkaufen gibt es eine Menge zu erledigen – auch für Ihr Kind. Schon im Vorfeld erlebt es aufgeregt die Planung und das Anziehen, dann natürlich das Einkaufen selbst und anschließend das Auspacken zu Hause. All das sind Tätigkeiten, in die Sie Ihr Kind einbeziehen können – und die ihm großen Spaß machen werden.

Gemeinsam den Einkauf planen

Planen Sie den Einkauf zusammen: Erzählen Sie Ihrem Kind, was Sie heute alles einkaufen wollen, bevor Sie es auf den Zettel schreiben.

Ab 4 Jahren: Einkaufslisten schreiben

Wenn Ihr Kind schon etwas älter ist (ab 4 Jahre), können Sie auch mehrere Einkaufszettel schreiben. Auf einem stehen dann beispielsweise die Getränke, auf dem nächsten Obst und Gemüse, auf einem anderen vielleicht Wurst und Käse. Ihr Kind darf dabei die einzelnen Artikel jeweils der richtigen Liste zuordnen.
Vielleicht möchte Ihr Kind auch selbst die Einkaufszettel »schreiben«. Dafür kann es aus einer Zeitschrift oder einem Werbeprospekt die entsprechenden Artikel ausschneiden und aufkleben.

Interessant für kleine Einkäufer: Geldgeschäfte

Ab 4 Jahren: Geld zählen

Rund um das Thema Einkaufen können Sie mit Ihrem Kind gut den Umgang mit Geld üben. Sie können zum Beispiel vor dem Einkaufen gemeinsam den Geldbeutel leeren und zählen, wie viel Geld darin ist.

Mengenlehre ganz praktisch: Münzen stapeln.

Nach dem Einkauf wird dann gemeinsam nachgesehen, wie sich der Inhalt der Börse verändert hat. Vielleicht ist das Geld in den Augen Ihres Kindes ja mehr geworden, weil jetzt mehr Münzen darin sind als vorher.

TIPP!

Kassensturz

Bei Gelegenheit kann Ihr Kind auch seine Spardose leeren und das eigene Geld »zählen«. Schlagen Sie ihm vor, Stapel aus gleichen Münzen zu machen, führen Sie mit ihm Strichlisten und helfen Sie ihm beim Zählen.

Wenn Sie Ihr Kind in dieser Art beim Einkaufen einbeziehen, wird es nach und nach lernen, was es mit dem Geld auf sich hat, und schließlich auch, wie es Summen schätzen und Wechselgeld zählen kann.

Sicher unterwegs

Das Kind mit der Umgebung vertraut machen

Der Weg zum Einkaufen kann zu einem interessanten Spaziergang werden. Mit etwas Zeit können Sie alle Vorschläge, die Sie im Kapitel über Spaziergänge (ab Seite 105) finden, auch auf diesen Alltagswegen umsetzen.
Da Sie vermutlich in der Nähe Ihrer Wohnung zu Fuß zum Einkaufen gehen, eignet sich dieser Weg besonders gut, um Ihr Kind mit seinem Lebensumfeld vertraut zu machen.
Weisen Sie Ihr Kind auf alle markanten Objekte hin, die unterwegs zu sehen sind. So lernt es, sich Strecken einzuprägen und sich zu orientieren. Die Telefonzelle, das Postamt, der Hydrant – all das sind gute Erinnerungshilfen. Noch besser wird sich Ihr Kind diese Objekte einprägen, wenn Sie in die Telefonzelle oder das Postamt hineingehen und ihm alles zeigen. Mit einfachen Worten können Sie ihm zum Beispiel auch die Funktion eines Hydranten erklären, wenn es Interesse zeigt. Sie können auch ein Merkspiel machen: In welcher Reihenfolge passieren Sie die wichtigen Wegepunkte? Vielleicht weiß Ihr fünfjähriges Kind ja auch noch auf dem Rückweg, was als Nächstes kommt – jetzt in umgekehrter Reihenfolge.

Ab 3 Jahren: Wegepunkte merken

Sie können auch die Schritte zum Laden gemeinsam zählen. Seine motorischen Fähigkeiten kann Ihr Kind ganz nebenbei üben, wenn es auf kleinen Mäuerchen balanciert, auf einem Bein hüpft, über die Kästchen der Pflastersteine springt und vieles mehr.

Ab 3 Jahren: Schritte zählen

Ab 2 Jahren: balancieren, hüpfen, springen

Verkehrstraining

Die Wege in der näheren Umgebung eignen sich gut, um verkehrssicheres Verhalten zu üben. Voraussetzung dafür ist immer: Seien Sie Ihrem Kind ein absolutes Vorbild im Straßenverkehr. Es gibt nie einen Grund, Straßen riskant zu überqueren – schon gar nicht, um einige Minuten

Vorbild sein – und das konsequent

Zeit zu sparen! Leider verhalten sich Erwachsene häufig nicht vorbildlich, selbst wenn Kinder zusehen. Sprechen Sie mit Ihrem Kind darüber, machen Sie es in solchen Situationen auf das Fehlverhalten aufmerksam.
Bis zu seiner Einschulung sollte Ihr Kind sich so sicher im Verkehr bewegen können, dass es ohne die Hilfe eines Erwachsenen seinen Schulweg gehen kann. Bis dahin ist ständiges Üben angesagt. Denn es dauert lange, bis ein Kind wirklich verkehrssicher ist.

Spielerische Konsequenz: Immer wieder üben

Ab 3 Jahren: Orientierungstest

Um das Verkehrsverhalten und das Orientierungsvermögen Ihres Kindes (ab 3 Jahre) zu testen, können Sie zum Beispiel auf dem Rückweg vom Einkaufen Ihr Kind die Führung übernehmen lassen. Es darf Sie an der Hand auf dem richtigen Weg nach Hause führen.

Ab 4 Jahren: orientieren im Straßenverkehr

Mit 4 Jahren kann es schon versuchen, Sie sicher durch den Verkehr zu führen. Tauschen Sie dafür doch einfach mal die Rollen: Sie sind jetzt das Kind, Ihr Kind ist Mama oder Papa und muss Sie an der Hand führen und auf alles gut achten. So lernt es weit mehr als durch theoretische Ermahnungen und Hinweise auf mögliche Gefahrenquellen – aber auch die sind natürlich wichtig. Unterstützen können Sie das Verkehrstraining durch Sprüche wie den folgenden: »Schau links, schau rechts, geh gradeaus, dann kommst du sicher gut nach Haus.« Gewöhnen Sie sich am besten an, einen solchen Vers vor jeder Straßenüberquerung (auch an Ampeln) zu sprechen und deutlich nach links und rechts zu sehen. So wird Ihr Kind ganz automatisch dasselbe tun – auch wenn es allein geht.

Das richtige Überqueren der Straße sollten Sie so oft wie möglich mit Ihrem Kind üben.

Endlich am Ziel!

Nun sind Sie da! Und Ihr Kind wird das Einkaufen besonders schön finden, wenn es richtig mitmachen darf. Dazu kann zum

TIPP!

So wird Ihr Kind verkehrssicher

»Trockentraining« für das Verhalten auf der Straße können Sie auch zu Hause absolvieren: Vielleicht besitzt Ihr Kind einen Spielteppich mit aufgezeichneten Straßen. Wenn nicht, können Sie aus Bausteinen, Schnüren und Ähnlichem Straßen, Kreuzungen, sogar Ihr Wohnviertel nachbauen. Mit Spielzeugautos, Figuren und kleinen Verkehrsschildern können Sie nun spielerisch viele Situationen nachstellen.

Ab 3 Jahren: Verkehrstraining zu Hause

Beispiel auch ein eigener Einkaufswagen beitragen. Sobald es etwa eineinhalb Jahre alt ist, schiebt Ihr Kind vermutlich am liebsten selbst einen Wagen. Viele Supermärkte stellen extra für Kinder kleine Wagen bereit. Sie können Ihrem Kind stattdessen aber auch seinen eigenen Buggy oder seinen Puppenwagen zum Einkaufen geben.

Ab 1 1/2 Jahren: Einkaufswagen schieben

Gerade kleinen Kindern gibt so ein eigener Wagen auch noch mehr Stabilität beim Laufen. Außerdem ist es natürlich ein ganz anderes »Einkaufsgefühl«, einen eigenen Wagen zu schieben und zu beladen.

Orientierungshilfen und Erfolgserlebnisse

Mit einem Einkaufszettel (siehe Seite 64) kann Ihr Kind auch im Laden allein die Artikel suchen. Überhaupt können Sie im Supermarkt verschiedene Suchspiele veranstalten. So lernt Ihr Kind, sich zu orientieren. Geben Sie ihm dazu kleine Aufträge: »Wo ist die Milch? Wo ist die Käsetheke? Findest du die Bananen?« Vielleicht findet es im Regal sogar schon die richtige Marke.

Ab 2 Jahren: Suchspiele beim Einkaufen

Fragen und Antworten

Mit Kindern ab zweieinhalb Jahren können Sie beim Einkaufen ein Rollenspiel machen. Dabei ist Ihr Kind der Kunde, und Sie sind der Verkäufer, der um Auskunft gefragt wird: zum Beispiel danach, wo etwas steht, wie viel es kostet, ob es ein billigeres Produkt gibt und wie lange es haltbar ist. So lernt Ihr Kind, wie es selbst fragen muss, präzise Fragen zu formulieren und worauf es beim Einkaufen ankommt.

Ab 2 1/2 Jahren. Einkaufsrollenspiel

Sehr stolz wird Ihr Kind sein, wenn es am Ende bezahlen darf. Geben Sie ihm das Geld und zeigen Sie ihm, dass Sie das Wechselgeld kontrollieren. Selbst nachzählen kann ein Kind unter 7 Jahren nicht, aber es wird lernen, auf das Restgeld zu achten.

Ab 3 Jahren: Einkäufe bezahlen

Transportfragen

Ab 1 1/2 Jahren: eigene Einkaufstasche

Wenn Sie die Einkaufstaschen füllen, achten Sie darauf, eine leichtere für Ihr Kind zu packen, denn bestimmt wird es auch etwas tragen wollen. Ihr Kind kann auch einen kleinen Rucksack mitnehmen und diesen voll packen. Außerdem können Sie die Einkäufe gleich so verpacken, dass Ihr Kind sie zu Hause gut einsortieren kann.

Sobald Ihr Kind »motorisiert« ist, kann es auch mit seinem Fahrzeug zum Einkaufen fahren. Ideal ist dafür zunächst ein Dreirad mit einer kleinen Ladefläche hinten, auf der das Kind »seine« Einkäufe selbst transportieren kann – eine Stange, mit der Sie das Dreirad halten und schieben können, ist im Stadtverkehr wohl ohnehin unerlässlich. Später, wenn Ihr Kind auf dem Kinderfahrrad unterwegs ist, können Sie zum Transport kleinerer Einkäufe einen Korb anbringen.

Lassen Sie Ihr Kind ruhig auch einige leichte Sachen in einer eigenen Tasche transportieren.

Wenn Sie zu Hause sind, können Sie Ihr Kind fragen, ob es sich noch daran erinnern kann, was Sie alles gemeinsam eingekauft haben. Sie können auch einige Artikel im Einkaufsbeutel lassen und Ihr Kind durch den Stoff der Tasche fühlen lassen, was noch drin ist. Vielleicht erinnert es sich ja auch während des Auspackens schon daran, was noch fehlen müsste.

Ab 2 Jahren: Einkäufe einsortieren

Ganz besondere Einkäufe

Mit Kindern Kleidung zu kaufen, ist nicht immer ein Vergnügen. Das viele An- und Ausziehen gefällt den Kleinen meist gar nicht. Außerdem ist die Auswahl im Laden oft so groß, dass ein Kind völlig überfordert ist, wenn es etwas auswählen soll. Dann reagiert es vielleicht mit einer Totalverweigerung und sagt zu allem Nein. Deshalb ist es leichter, wenn Sie eine Vorauswahl treffen und Ihr Kind nur unter zwei oder drei verschiedenen Stücken eines wählen lassen.

Neue Schuhe kaufen

Beim Schuhkauf lässt sich das meist nicht so praktizieren, denn in der Regel müssen viele Paare anprobiert werden, bis schließlich eines richtig gut passt.

Die Beratung durch eine Verkäuferin macht das Einkaufen für Ihr Kind sicher viel interessanter – und damit für beide entspannter. So kann es nämlich sozialen Kontakt aufnehmen und eine fremde Person genau beobachten.

Ab 1 Jahr: Kleidung und Schuhe kaufen

Rollenwechsel

Ab 2 1/2 Jahren: Einkaufsrollenspiel

Wenn Sie in einem Selbstbedienungsladen einkaufen, können Sie auch selbst zur »Verkäuferin« werden. Machen Sie aus Ihrem Einkauf ein richtiges kleines Rollenspiel: Ihr Kind geht in die Kabine oder setzt sich auf den Stuhl und Sie bringen ihm die Kleidungsstücke oder Schuhe zum Probieren.
Natürlich müssen Sie ausgesucht höflich sein und die Dame oder den Herrn bestens beraten. Betrachten Sie den »Kunden« wirklich genau, zeigen Sie ihm den Spiegel und schätzen Sie das Kleidungsstück an ihm ein: Sagen Sie ihm, ob es ihm gut steht und ihm richtig passt.

Erste Einkäufe ganz allein

Ab 4 Jahren: kleine Einkäufe allein

Wenn Sie oft mit Ihrem Kind beim Einkaufen waren und es keine Straßen überqueren muss, kann es schon bald (ab 4 Jahren) erste kleine Einkäufe allein erledigen. Dafür ist am Anfang ein kleineres Geschäft gut geeignet, welches Ihr Kind auch schon kennt, etwa ein Bäckerladen.
Wenn Sie Ihr Kind anfangs noch nicht allein gehen lassen möchten, können Sie ja auch erst einmal vor dem Laden warten, bis es etwas ganz allein gekauft hat.
Nennen Sie Ihrem Kind für diesen Einkauf zunächst einige Artikel, die es gut kennt. Die kann es unproblematisch allein besorgen. Und nach und nach wird die Einkaufsliste dann immer länger. Da Ihr Kind ja noch nicht lesen kann, ist eine solche »Merkliste im Kopf« eine prima Gedächtnisschulung. Und Ihr Kind lernt so mit der Zeit auch ganz nebenbei Verschiedenes rund um das Einkaufen, etwa, Geld zu zählen und auf das Haltbarkeitsdatum der Lebensmitteln zu achten.

Erste kleine Einkäufe im Alleingang geben Kindern viel Selbstvertrauen.

Alles aus einer Hand

Ist Ihr Kind schon mindestens 5 Jahre alt, können Sie einmal ein größeres Projekt starten: Es darf sich für die ganze Familie um ein Essen kümmern – am besten gibt es für den Anfang »kalte Küche«. Ihr Kind denkt sich aus, was es geben soll und was man dafür braucht. Es sieht nach, was vorhanden ist und was es noch besorgen muss – auch Getränke gehören natürlich dazu.

Ab 5 Jahren: Familienessen herrichten

Dann sagt es Ihnen, wie viel Geld es vermutlich zum Einkaufen der fehlenden Zutaten braucht, und kauft diese allein ein: Es zählt sie, wiegt sie, bezahlt sie selbst.
Hat Ihr Kind die Kosten richtig geschätzt? Anfangs vermutlich nicht, denn das ist sehr schwierig. Hat das Geld vielleicht gar nicht gereicht, und es muss noch nachzahlen? Spannend ist auch die Frage, ob es an alles gedacht hat. Oder muss es improvisieren?
In jedem Fall darf es dann das Essen herrichten und allen Familienmitgliedern servieren.

Zwischen Organisation und Improvisation

Solche Aufgaben sind sehr komplex. Wahrscheinlich klappt nicht alles gleich beim ersten Mal. Aber das macht nichts. Wichtig ist, dass Ihr Kind solche Aufgaben annimmt, dass Sie sie ihm zutrauen und seine Leistung anerkennen. Sie werden sehen, wie Ihr Kind daran wächst!

Der gemeinsame Einkaufsbummel

Einen besonderen Einkaufstag können Sie mit Ihrem Kind auch einmal in der Fußgängerzone oder in einem Einkaufszentrum verbringen. Neben den bunten Schaufenstern gibt es viele vorübereilende Leute, andere Kinder und Straßenkünstler zu sehen, was Ihr Kind bestimmt alles sehr interessieren wird. Nehmen Sie sich deshalb auch Zeit zum Beobachten und unterhalten Sie sich mit Ihrem Kind darüber.

Das bunte Treiben ganz bewusst erleben

Höchst interessant, aber nicht ganz ungefährlich sind Rolltreppen. Wenn Sie dabeibleiben, kann Ihr Kind auch hier vieles entdecken. Wie die Treppen ineinander laufen, wie die Gummis an den Seitenteilen funktionieren – all das können Sie ihm zeigen und erklären. Wenn nicht so viel los ist, kann es vielleicht auch ausprobieren, mal gegen die Fahrtrichtung zu laufen, das gibt ihm ein ganz neues Bewegungsgefühl. Vielleicht entdecken Sie auch einen Springbrunnen, eine interessante Baustelle oder Ähnliches. Wenn Sie zwischendurch dann das Notwendigste kaufen, wird das weniger anstrengend sein, als wenn Sie mit Ihrem Kind durch ein Kaufhaus nach dem anderen hetzen.

Entdeckungen am Wegesrand

Den Kinderalltag spielerisch gestalten

Die tägliche Routine muss keine langweilige Pflichtübung sein. Mit etwas Phantasie kann auch der »Alltagskram« reizvoll werden – und ganz nebenbei die Entwicklung des Kindes fördern.

Pflegende Spiele

Körperpflege ist eine sinnliche Angelegenheit. Unser größtes Organ, die Haut, wird durch die Berührungen beim Waschen und Eincremen angeregt, der Geruchssinn aktiviert, und auch die Seele bekommt dabei Streicheleinheiten – vorausgesetzt, alles geschieht liebevoll und in Ruhe. Deshalb sollten Sie sich für die Körperpflege Ihres Kindes Zeit nehmen. Sicher haben Sie mit Ihrem Kind während der Babyzeit beim Wickeln ausgiebig geschmust, es sanft gekitzelt und mit ihm gescherzt. Das sollten Sie auch weiterhin tun, solange Sie Ihr Kind noch wickeln. Später, wenn es trocken ist, sollten Sie diese Liebkosungen bei anderen Gelegenheiten einflechten. Es gibt keinen Grund für weniger Streicheleinheiten mit zunehmendem Alter – außer Ihr Kind will es nicht. Denken Sie immer daran: Liebe, Zuwendung, Aufmerksamkeit und Zeit sind die besten »Förderprogramme« für jedes Kind!

Wichtig für das Selbstbewusstsein: ein gutes Körpergefühl

Duftreise

Ab 1 Jahr: Geruchstest

Im Badezimmer können Sie schon mit Ihrem Einjährigen auf Entdeckungsreise gehen: Hier nehmen kleine Spürnasen zahllose Gerüche wahr. Lassen Sie Ihr

Montessori-Hintergrund

- Zu den »Übungen des praktischen Lebens« (siehe ab Seite 13) zählt auch die »Sorge für die eigene Person«.

Dazu gehören unter anderem Übungen für
– das Waschen der Hände und das Reinigen der Nägel
– die gesamte Körperpflege
– den Gebrauch von Spiegeln
– das Anziehen (Knöpfe schließen, Schleifen binden und Ähnliches)

- Für das »Verhalten in der Gemeinschaft« gibt es verschiedene Übungen für Tischsitten. Das Kind lernt, den Tisch zu decken, etwas auf einem Tablett zu servieren sowie richtiges Ess- und Trinkverhalten.

WICHTIG

Sicherheitscheck im Bad

- Lassen Sie Ihr Kind bis zum 6. Lebensjahr nicht unbeaufsichtigt in der Badewanne. Es könnte ausrutschen oder sich verbrühen, im schlimmsten Fall sogar ertrinken.
- Verstauen Sie alle Körperpflegeprodukte und Kosmetika so, dass Ihr Kind sie nicht erreichen kann.
- Benutzen Sie für Ihr Kind eine Kunststoffmatte für die Badewanne.
- Wenn möglich, stellen Sie Ihren Heißwasserthermostat auf 50 °C ein.

Kind an Shampoos, Parfüms, Seifen, Cremedosen, Badeschaum und Kosmetikartikeln schnuppern. Vielleicht hat es sogar schon Vorlieben für bestimmte Düfte. Wahrscheinlich erkennt es auch bald das Rasierwasser als Vaters typischen Geruch.

»Schminken« und »rasieren« wie die Großen

Das eine oder andere kann es ruhig ausprobieren: Gerade in der Phase des Rollenspiels wird sich ein Mädchen gern kämmen und »schön« machen wie die Mutter. Dazu genügen ein wenig Creme, ein Puderpinsel und etwas Lippenstift. Ein Junge wird sich vielleicht rasieren wollen wie der Vater. Dazu braucht Ihr Sohn nur einen Klacks Rasierschaum, den er zum Beispiel mit einem Holzspatel abschaben kann. Ein Spiegel in Augenhöhe der Kinder gehört dafür natürlich ins Bad.

»Lernen« in der Wanne

Ab 2 Jahren: Körperteile benennen

Nahezu alle Kinder lieben ausgedehnte Badezeremonien. Das wohlig warme Gefühl und das Element Wasser regen alle Sinne eines Kindes an. Das Bad eignet sich also bestens zum »Lernen«. Kinder können hier auf spielerische Art viel über ihren Körper erfahren: Im 2. Lebensjahr können Sie beispielsweise beim Waschen die einzelnen Körperteile benennen. Mit etwa 2 Jahren kann Ihr Kind das nach und nach selbst tun. Unterstützen Sie diesen Prozess, indem Sie ein Suchspiel veranstalten. Fragen Sie: »Wo ist dein kleiner Zeh, dein Bauch, dein Knie …?« Ihr

Mhh, wie das duftet! Kleine Nasen gehen sehr gerne auf Entdeckungsreise!

Kind muss dann diesen Körperteil aus dem Wasser auftauchen lassen und darauf zeigen, seine Hand darauf legen oder damit wackeln – etwa mit dem großen Zeh. Anschließend wird der Körperteil gewaschen.
Mit Badeschaum sind solche Suchspiele noch lustiger. Außerdem kann man damit auch noch Schaumbilder auf die Fliesen malen oder »Ungetüme« auf den Kopf drapieren.

TIPP!

Gemeinsame Pflegezeit

Um einmal ausgiebiger etwas für Ihre Körperpflege zu tun, können Sie Ihr Kind neben sich in der Wanne sitzen lassen: Vielleicht baden Sie zuerst gemeinsam. Sie steigen dann aus der Wanne und pflegen sich. Bestimmt wird Ihnen Ihr Kind interessiert zusehen, schließlich braucht es auch solchen »Anschauungsunterricht« zum Kennenlernen von Menschen und Geschlechterrollen.

Wannen-Spielzeug

Natürlich eignet sich auch verschiedenes Spielzeug zum Probieren in der Wanne. So kann Ihr Kind Schüttversuche machen, wie sie in der Montessori-Pädagogik empfohlen werden (siehe Kasten Seite 37). Geben Sie ihm dazu unterschiedlich große Gefäße (etwa Plastikbecher), die es mit Wasser füllen kann. Wenn es das Wasser von einem Becher in einen anderen schüttet, lernt es beispielsweise, dass der Inhalt eines großen Bechers nicht in einen kleineren passt, wohl aber umgekehrt. Oder Ihr Kind kann mal langsam, dann wieder schnell schütten, mit mehr oder weniger Wasserverlust. Auch aus unterschiedlichen Höhen fällt das Wasser immer wieder anders. Durch solche Versuche erfährt Ihr Kind ganz nebenbei viele physikalische Gesetzmäßigkeiten.

Ab 1 Jahr: Wasser schütten

Es macht Ihrem kleinen Entdecker auch Freude auszuprobieren, was schwimmt und was nicht. Geben Sie ihm dafür einige Gegenstände aus unterschiedlichen Materialien, etwa ein Stück Holz, eine Plastikente und einen Tischtennisball.
Führen Sie auch vor, was passiert, wenn Sie Holz oder einen Tischtennisball unter Wasser drücken. Ihr Kind wird das dann mit anderen Gegenständen probieren.

Ab 2 Jahren: Schwimmtest mit Gegenständen

Wannen-Forscher

Für Experimente in der Wanne – oder im Planschbecken – eignen sich auch grobporige Schwämme und Waschlappen. Auch eine kleine Gießkanne, ein Wasserrad oder anderes Sandspielzeug sind für Wasserspiele bestens geeignet.

Nach solchen Experimentierbädern gibt es nur ein Problem: Wie lockt man das Kind wieder aus der Wanne?

Übrigens lässt sich auch im Haushalt einiges finden, was in der Wanne bald unentbehrlich sein wird: der Schneebesen etwa, mit dem Ihr Kind seinen Badeschaum ordentlich aufschlagen kann, diverse Plastikgefäße oder -flaschen, die – je nachdem, ob verschlossen oder nicht – sinken oder schwimmen. Auch ein Strohhalm, mit dem man Wasserblasen machen kann, bereitet großes Vergnügen.

Erste physikalische Aha-Erlebnisse

Wenn Ihr Kind Interesse zeigt, können Sie ihm bei den Versuchen auch mit einfachen Worten erklären, warum etwas passiert: zum Beispiel, dass Wasser von einem Gegenstand verdrängt wird. Das lässt sich am besten demonstrieren, indem Ihr Kind sich ins Wasser legt. Sie können auch erklären, dass manche Materialien schwerer oder leichter als Wasser sind und daher sinken oder an der Oberfläche treiben.
Dabei kommt es natürlich nicht darauf an, dass Ihr Kind wirklich versteht, was da passiert. Vielmehr macht es wichtige praktische Erfahrungen, die ihm später helfen werden, die zugrunde liegenden Prinzipien besser zu verstehen. Sie als Eltern können ihm viele solcher Erfahrungen ermöglichen.

Anziehspaß

Ab 2 Jahren: Körperteile benennen

Beim Anziehen können Sie, ähnlich wie beim Waschen, das Kennenlernen der Körperteile unterstützen. Benennen Sie immer den

Körperteil, den Sie gerade durch die Kleidung stecken.

Ab 5 Jahren: Rechts-links-Spiel

Bei Kindern ab 5 Jahren können Sie üben, rechts und links zu unterscheiden. Fordern Sie Ihr Kind dazu auf, Ihnen den rechten oder linken Arm oder Fuß zu geben. Sie können lustige Sprüche dazu erfinden (siehe auch Kasten unten). Auch das Ankleiden mit geschlossenen Augen macht übrigens viel Spaß – und ist gar nicht so einfach!

Kinder wollen sich meist möglichst früh allein anziehen. Da sie dazu lange brauchen – und auch nicht immer die richtigen Wege in die einzelnen Öffnungen finden –, enden solche Versuche oft in Auseinandersetzungen. Vor allem in den Jahren der Willensbildung, der so genannten Trotzphase (siehe ab Seite 22), kommt es dann leicht zu Machtkämpfen.

TIPP!

Anziehen mit »Zuspruch«

Kinderreime, wie etwa der folgende aus »Peterchens Mondfahrt«, machen das An- und Ausziehen für Sie und Ihr Kind lustiger und entspannter:
(Hose:) »Rechtes Bein – linkes Bein, rechtes Bein und linkes Bein ...«
(Hemd/Pulli:) »... und dann kommt das Flügelein – summ, summ, summ.« (Dabei können Sie zum Beispiel Ihr Kind in den Arm nehmen und im Kreis herumdrehen.)

Um Durchsetzungskraft und Entscheidungsfreiheit zu lernen, braucht Ihr Kind Ihre Unterstützung und vor allem Ihre Geduld. Planen Sie also ausreichend Zeit zum Anziehen ein – schließlich wollen Sie ja auch, dass Ihr Kind selbstständig wird, und dazu muss es viel üben! Und helfen Sie Ihrem Kind, Entscheidungen zu treffen, indem Sie ihm zwei, höchstens drei Kleidungsstücke zur Auswahl anbieten. Mehr würden es überfordern.

Zu Tisch!

Wir verbringen viel Zeit am Tag rund ums Essen: Einkaufen, Vorbereitungen in der Küche und das Essen selbst nehmen viel Zeit in Anspruch. Auch hier können Sie ganz nebenbei die Entwicklung Ihres Kindes unterstützen, indem Sie verschiedene Fähigkeiten und Fertigkeiten fördern.

Tisch decken

Ab 1 1/2 Jahren: Tisch decken

Schon Anderthalbjährige helfen gern, den Tisch zu decken. Wenn Ihr Kind also sicher laufen kann, lassen Sie es ruhig einige Sachen zum Tisch tragen. Es muss ja nicht die schwerste Schüssel sein oder das kostbare Porzellan. Den Transport von Tellern und Löffeln bewältigen auch die kleinsten

Helfer oft schon ganz gut. Und je älter Ihr Kind wird, desto mehr kann es tragen; mit 2 Jahren sogar schon volle Becher.
Wenn Sie Ihrem Kind seinem Alter entsprechende Tätigkeiten zutrauen, wächst es daran, und sein Selbstbewusstsein wird gestärkt. Und wenn mal etwas zu Bruch geht, sollte das nicht so schlimm sein. Auch solche Erfahrungen machen Ihr Kind klüger, nicht aber Verbote und die ständige Angst, es könnte etwas verschütten oder kaputtmachen.

Alles einladend dekorieren

Kinder haben auch Spaß daran, wenn der Tisch, etwa am Sonntag oder wenn Besuch kommt, besonders feierlich gedeckt wird. Sie entwickeln dabei ihren Geschmackssinn und ihre Kreativität. Auch wenn Ihr Kind selbst kleine Gäste zum Spielen erwartet, kann es, vielleicht mit ein paar Luftschlangen, Luftballons und buntem Kindergeschirr, eine kleine Festtafel herrichten, eventuell an einem Kindertisch. Hierbei – wie auch beim täglichen Tischdecken – können Sie kleine Zahlenspiele machen. Den Kleinsten rechnen Sie noch vor: »Jeder von euch braucht einen Löffel und eine Gabel. Für dich und deine beiden Gäste brauchst Du also drei Löffel und drei Gabeln.« Kinder ab etwa 4 Jahren können schon immer mehr selbst zählen. Stellen sie dazu kleine »Textaufgaben«: »Jeder von uns braucht eine Gabel und ein Messer, wie viele brauchen wir also?
Wie viele Tassen stehen auf dem Tisch? Wie viele Brot-, Wurst- oder Käsescheiben liegen auf dem Teller?« Auch die Unterscheidung von rechts und links können Sie nebenbei üben: Die Messer kommen auf die rechte, die Gabeln auf die linke Seite des Tellers.

Ab 4 Jahren: rechnen bei Tisch

Ein schönes Kindergedeck lädt kleine Genießer ein.

Guten Appetit!

Vor dem Essen können Sie ebenfalls verschiedene kleine Zahlenspiele veranstalten. Bevor Sie Obst oder Kuchen essen, halbieren Sie doch die Bananen und Äpfel oder den Kuchen und lassen Sie Ihr Kind die Hälften wieder »richtig« aneinander legen. Später können Sie die Lebensmittel auch vierteln oder achteln – oder Ihr Kind darf das machen und prüfen, wie viele Stücke rausgekommen sind.

Ab 3 Jahren: Zahlenspiele vor dem Essen

Beim Essen sind natürlich vor allem Geruchs- und Geschmackssinn gefragt. Bereiten Sie doch einmal kleine Schälchen mit Gewürzen vor, die Sie in das Essen gegeben haben. So wird Ihr Kind mit der Zeit ein richtiger Feinschmecker!

Ab 2 Jahren: Geruchs- und Geschmackstest

Rollenspiele beim Essen

Ab 2 1/2 Jahren: Rollenspiele

Sobald sich Ihr Kind für Rollenspiele interessiert, können Sie rund ums Essen viele schöne Szenen spielen, bei denen Ihr Kind in ganz unterschiedliche Rollen schlüpfen kann (siehe auch Seite 43). Es kann die Kellnerin sein, die den Tisch für die Gäste deckt und abräumt – da macht das Mithelfen doppelt Spaß! Wenn Sie dann als Gast Platz genommen haben, fragt Ihr Kind nach Ihren Wünschen, empfiehlt Ihnen vielleicht die Spezialität des Hauses, nimmt Ihre Bestellung auf, geht in die Küche und serviert dann. Natürlich fragt es nach dem Essen, ob es Ihnen geschmeckt hat, bevor es kassiert.

Unterhaltsam wie ein Besuch im Restaurant

Während des Essens kann es dann ebenfalls als Gast am Tisch mit Platz nehmen. Vielleicht sind Sie aber auch zwei Fremde, die sich im Restaurant erstmals begegnen und sich angeregt unterhalten. Fragen Sie Ihren Tischnachbarn doch einmal nach seinen Lebens- und Familienverhältnissen – Sie werden interessante Dinge erfahren! Sie können die Rollen auch tauschen: Sie sind die Kellnerin, Ihr Kind ist der Gast, mal in einem vornehmen Restaurant, dann in einem Biergarten – entsprechend ändert sich auch die Tischdekoration.

TIPP!

Feine Damen und Herren ...

Rollenspiele bei Tisch helfen auch, Tischmanieren zu erlernen. Wenn Ihr Kind spielt, es sei in einem feinen Restaurant, wird es sicher auch »vornehm« essen wollen und sich vom richtigen Gebrauch des Bestecks, dem Essen mit geschlossenem Mund und einer guten Sitzhaltung überzeugen lassen.

Nach dem Essen

Ab 2 Jahren: Tisch abräumen

Beim anschließenden Abräumen des Tisches darf Ihr Kind ebenfalls mitmachen. Ab 4 oder 5 Jahren sollte das ohnehin selbstverständlich sein. Denn durch seine Mithilfe fühlt Ihr Kind sich auch mitverantwortlich für die Familie: Es trägt seinen Teil zum guten Zusammenleben bei.
Dabei kann es die Teller einsammeln und stapeln, vielleicht auch schon in die Spülmaschine räumen. Auch den Tisch abzuwischen ist bei kleinen Kindern sehr beliebt, da es mit Wasser zu tun hat (siehe auch Seite 50).
Bei mehreren Kindern sind diese Aktionen oft Anlass zu Streitereien. Dann können Sie einfache Regeln einführen: »Jeder räumt seine Sachen ab« oder »Jeder räumt zwei Sachen ab«. Oder Sie verteilen die Tätigkeiten tageweise – und ganz gerecht natürlich.

»Arbeiten« – ganz wie die Großen

Liegen Gebliebenes aufarbeiten

Im Leben mit Ihrem Kind sind immer wieder eine Menge Arbeiten zu erledigen, die nicht nur Küche, Haushalt oder Garten betreffen: »Schreibkram«, Näharbeiten, handwerkliche Tätigkeiten oder anderes. Auch dabei können Sie Ihr Kind einbeziehen – und wieder ganz nebenbei seine Entwicklung fördern.

Schreibtischtag

Stapeln sich auf Ihrem Schreibtisch unerledigte Rechnungen, Behördenschreiben oder Post, die beantwortet werden will? Dann legen Sie doch einen – gemeinsamen – Schreibtischtag ein.

WICHTIG

Sicherheitscheck beim »Arbeiten«

- Denken Sie daran, Kindern unter 3 Jahren auf keinen Fall unbeaufsichtigt kleine Teile zu geben, die sie verschlucken könnten. Also: Nägel, Knöpfe, Büroklammern und Ähnliches sind noch tabu!
- Wägen Sie stets sehr sorgfältig ab, welches Werkzeug Sie Ihrem Kind in welchem Alter geben können – das ist individuell sehr verschieden.

Ab 2 Jahren: Schreibtischarbeiten

Organisieren Sie am besten ein wenig vor: Ideal ist es, wenn neben Ihrem Schreibtisch ein Kindertisch und ein kleiner Stuhl für Ihr Kind stehen. Auf den »Arbeitsplatz« Ihres Kindes können Sie einige Büroutensilien stellen, mit denen es arbeiten kann: eine alte Schreibmaschine oder eine ausgediente Tastatur, ein Ablagekörbchen mit Papier, außerdem eine Utensilienbox mit vielen Stiften, eine Kinderschere (ab etwa 3 Jahren) und ein Lineal. Besonders wird sich Ihr Kind über ein altes Telefon, einen Locher und einen Stempel freuen.

Ab 2 Jahren: Briefe öffnen

Wenn Sie die Post durchgehen, können Sie Ihr Kind mit einem Brieföffner die Briefe aufmachen lassen.

Ab 3 Jahren: Papiere lochen und abheften

Vielleicht kann es auch schon Zettel lochen und für Sie in Ordner abheften. Diese komplexen Tätigkeiten fördern die Feinmotorik.

Ab 3 Jahren: Stifte spitzen

Während Sie etwas allein machen müssen, kann Ihr Kind kleine Aufträge an seinem Schreibtisch ausführen, wie etwa Stifte spitzen. Mit seinen Utensilien wird es sich auch immer wieder allein beschäftigen können. So kann es einen »Brief« tippen, während Sie daneben am Computer arbeiten. Oder es locht

Blätter mit Mustern, zeichnet Formen mit dem Lineal und führt wichtige »Telefonate«. Wenn Sie Briefe an Verwandte oder Freunde schreiben, können Sie zum Schluss Ihr Kind auch etwas darauf »schreiben« oder zeichnen lassen, bevor der Brief verschlossen, adressiert und frankiert wird – natürlich von Ihrem Kind. Auch beim Fotoalbum kann Ihr Kind helfen: Es kann Klebepunkte auf den Rückseiten der Fotos anbringen und sich lustige Untertitel ausdenken. Gerade nach einem Urlaub kann es so noch einmal alles Revue passieren lassen. Sie werden sehen, wie viel Spaß diese Tätigkeiten Ihrem Kind machen. Selbst ein kleiner Zappelphilipp wird so eine Zeit lang ruhig sitzen wollen.

Ab 3 Jahren: Fotos mit Klebepunkten versehen

Mitmachen, wichtig sein – so sind Kinder in ihrem Element!

Büro-Spielzeug

Ab 3 Jahren: Büroklammernspiel

Ein besonderes Spielzeug sind Büroklammern: Ihr Kind kann die bunten Kunststoffklammern nach Farben sortieren oder zu einer Kette ineinander stecken. Aus solchen Ketten lassen sich auch gut Straßen für Spielzeugautos herstellen. Radiergummis können vorübergehend die Autos ersetzen.

Ab 3 Jahren: Gummiringe-Spiel

▶ Gummiringe sind ebenfalls äußerst beliebt bei kleinen Kindern. Man kann mit ihnen verschiedene Dinge umwickeln, sie nach Größe, Dicke und Farbe sortieren, etwas damit an Stofftieren befestigen und vieles mehr. Sie halten auch Papierrollen zusammen, die als Fernglas oder als Hörrohr dienen. Aber Vorsicht: Wenn die Gummiringe gezogen und losgelassen werden, können sie sehr schmerzhaft sein.

Ab 3 Jahren: Schubladeninhalt sortieren

▶ Wenn Sie etwas mehr Zeit haben, können Sie gemeinsam die Fundgrube Schreibtischschublade entdecken: Leeren Sie sie aus. Ihr Kind räumt sie wieder ein

TIPP!

Etwas Eigenes herstellen: Adressbücher, Telefonlisten, Visitenkarten ...

Ihr Kind kann sich auch ein eigenes Adressbuch anlegen. Dazu braucht es einen kleinen Block oder einige zusammengeheftete Blätter Papier. Schreiben Sie auf jede Seite Namen und Telefonnummer eines Freundes. Wenn Ihr Kind schon Buchstaben oder Zahlen abmalen kann, können Sie ihm auf einer Adressliste (aus dem Kindergarten) die Freunde ankreuzen. Die Seiten kann Ihr Kind dann noch schön bemalen oder Fotos der Freunde einkleben.
Sie können auch eine Telefonliste anlegen, die Sie dann neben das Telefon hängen, damit Ihr Kind selbstständig telefonieren kann (mit etwa 5 Jahren). Kleben Sie dazu auf ein festes Papier links kleine Fotos von Verwandten und Freunden und schreiben Sie rechts daneben jeweils die Telefonnummer. Wenn Sie alte Visitenkarten haben, kann Ihr Kind auf den Rückseiten eine Adresskartei anlegen – oder darauf eigene Visitenkarten entwerfen, die es dann an Freunde verschenken kann.

Ab 5 Jahren: Adressbuch, Telefonliste und Visitenkarten

und legt dabei alle Gegenstände zusammen, die mehrfach vorhanden sind. Alles, was übrig bleibt, wird dann noch mal gemeinsam untersucht: Was macht die Sicherheitsnadel hier? Was ist das für ein Bild, was bedeutet der aus der Zeitung gerissene Spruch? Sie werden selbst erstaunt sein, was sich dabei alles (wieder)findet!

Tippen und stempeln

Ab 2 Jahren: auf dem Computer tippen

▶ Lassen Sie das Kind auch mal selbst an den Computer – natürlich nur, wenn Sie dabei sind und alle Daten gut gesichert sind. So kann es drauflostippen und dabei die Veränderungen auf dem Bildschirm beobachten.

Ab 4 Jahren: Buchstaben abtippen

▶ Oder Sie schreiben ihm eine Zeile vor, die es dann darunter abschreiben darf. Schon Kinder ab 4 Jahren können auf der Tastatur dieselben Buchstaben finden. Stellen Sie dazu große Schriftgröße und reine Großschreibung ein.

Ab 2 Jahren: stempeln

▶ Auch Stempel und Stempelkissen sind herrliches Büromaterial für Ihr Kind. Stempel mit Buchstaben oder anderen Formen lassen sich auch aus Korken und Kartoffeln herstellen. Auch aus einer halben Zwiebel, kleinen Schwämmen oder Schaumstoff kann man Stempel machen. Damit kann Ihr Kind Briefpapier gestalten oder Muster auf ein Blatt stempeln.

Ab 3 Jahren: Taschenrechner ausprobieren

▶ Denken Sie auch an den Taschenrechner: ein faszinierendes Gerät für ein Kind! Darauf kann es tippen und vielleicht Zahlen abschreiben. Oder es spielt Verkäuferin und rechnet alle möglichen Beträge zusammen.

Gemeinsam nähen

Bestimmt haben Sie immer wieder Wäsche, die Sie flicken oder stopfen müssen. Auch dabei hilft Ihr Kind Ihnen bestimmt gern.

Ab 4 Jahren: Stoffe zusammennähen und Puppenkleider anfertigen

Natürlich kann es noch nicht mit der spitzen Nähnadel umgehen, aber mit einer stumpfen, großen Stopfnadel hantieren Vierjährige schon ganz gut. Geben Sie Ihrem Kind etwas gröbere Stoffstücke wie Leinen oder Wolle. Die darf es zusammennähen, während Sie andere Näharbeiten erledigen. Ihr Kind kann schon mit wenig Material einfache Puppenkleidung selbst anfertigen: Dafür zwei gleich große Stoffstücke mit der Zickzack-Schere ausschneiden, damit sie nicht gesäumt werden müssen. Ihr Kind näht die Stoffstücke an den Seiten und an der Oberkante zusammen, dabei lässt es Öffnungen für Arme und Kopf. Ihr Kind kann auch für eine Puppendecke oder Ähnliches einige Stoffstücke zusammennähen. Sie können ganz auf Nadel und Faden verzichten, wenn Sie Klettband auf den Stoff kleben. Das ist auch die einfachste Lösung für gut funktionierende Verschlüsse.

Montessori-Hintergrund

Zur Förderung des Tastsinns gibt es in der Montessori-Pädagogik Stoffschachteln mit verschiedenen Paaren von Stoffarten: jeweils zwei aus Samt, Cord, Jeans, Seide, Baumwolle und andere. Das Kind soll durch Fühlen mit verbundenen Augen die Paare herausfinden (ab 3 Jahren).

Fühlen, Tasten, Be-greifen

Ab 2 Jahren: Tastbuch

Aus kleinen Stoffresten lässt sich ein Tastbuch herstellen. Dazu werden auf einige gleich große Kartonstücke verschiedene Stoffe wie Baumwolle, Samt, Leder oder Kunstpelz aufgeklebt, die Kartons gelocht und zusammengebunden. So kann Ihr Kind Stoffe fühlen lernen, bald auch schon mit geschlossenen Augen.
Heben Sie für Näharbeiten mit Ihrem Kind – und natürlich für seine Rollenspiele – alte Betttücher und Kleidungsstücke auf.

Das Schatzkästchen

Das Nähkästchen ist ähnlich wie die Schreibtischschublade eine wahre Schatzkiste für Ihr Kind.

Ab 3 Jahren: Nähkästchen aufräumen

Wenn Sie die Vorsichtsmaßnahmen (siehe Kasten Seite 78) bedenken, können Sie Ihr Kind ruhig damit experimentieren lassen – natürlich stets in Ihrem Beisein. Bestimmt hat es einmal Lust, den Kasten richtig aufzuräumen, alles rauszunehmen und ordentlich wieder hineinzulegen.

Ab 3 Jahren: Knöpfe sortieren oder stapeln

▶ Oder Ihr Kind nimmt sich die Knöpfe vor. Die lassen sich nach allerlei Kriterien sortieren: nach Farben, nach der Anzahl der Löcher, nach Größe oder Material (Plastik, Holz, mit Stoff bezogen ...).

Ab 4 Jahren: Knöpfe zählen

▶ Natürlich können größere Kinder auch schon die Knöpfe zählen oder feststellen, wie viele von jeder Art da sind.

▶ Wenn Sie viele Knöpfe haben, können Sie kleine Stapel machen und Ihr Kind (ab 3 Jahren) schätzen lassen, auf welchem Türmchen die meisten Knöpfe liegen. Das ist gar nicht so einfach!

▶ Zum Schluss zählen Sie gemeinsam die Knöpfe. Durch häufiges Vorzählen prägt sich Ihr Kind mit der Zeit die Zahlenreihe ein. Einfacher geht es, wenn Ihr Kind Fünfer- oder Zehner-Häufchen schichtet, die sind leichter zu zählen.

Eine wahre Schatztruhe: das Nähkästchen.

Ab 3 Jahren: Knöpfe suchen

▶ Geben Sie Ihrem Kind auch kleine Suchaufträge: »Ich brauche einen roten Knopf mit vier Löchern. Nun einen viereckigen Holzknopf. Ich brauche von diesem Knopf noch vier weitere ...«

Ab 4 Jahren: Knöpfe annähen

▶ Ihr Kind kann auch Knöpfe auf Stoffe nähen, besonders schöne oder witzige sogar auf ein einfaches T-Shirt, das dadurch aufgepeppt wird. Knöpfe lassen sich aber auch wie Perlen auffädeln und als lustige Kette um den Hals tragen.

Ab 3 Jahren: Knöpfe auffädeln

Montessori-Hintergrund

Nicht nur Wäsche lässt sich sortieren. Für die Entwicklung des Tastsinns, der Muskulatur und der visuellen Vorstellungskraft gibt es in der Montessori-Pädagogik Sortierübungen (ab 3 Jahren). Dabei ordnet das Kind verschiedene Gegenstände in Schälchen: Knöpfe, Muscheln, Nüsse, Körner und mehr. Später wird diese Übung noch anspruchsvoller: Das Kind muss dann unter mehreren einander ähnlichen Gegenständen jeweils zwei gleiche herausfinden.

Kleine Handwerker

Fast alle Kinder begeistern sich fürs Handwerken, vor allem für Renovierungsarbeiten, Reparaturen oder das Herstellen nützlicher Gegenstände. Das macht den Kleinen nicht nur riesigen Spaß, sondern fördert vor allem ihre praktische Intelligenz und ihre Geschicklichkeit. Verrichten Sie solche Arbeiten also nie ohne Ihren Nachwuchs – denn eine Zusammenarbeit gereicht allen zum Vorteil!

Mit Farben und Tapeten

Wenn Sie Ihre Wohnung tapezieren oder streichen möchten, planen Sie das nächste Mal etwas mehr Zeit ein. Decken Sie alles doppelt gut ab und stecken Sie sich und Ihr Kind von Kopf bis Fuß in eine richtige Malermontur, bevor Sie mit der Arbeit beginnen. Ihr Kind kann zum Beispiel auf einem Schemel stehend die Tapeten einkleistern. Es kann Ihnen das Werkzeug reichen, während Sie auf der Leiter die Tapetenbahnen in Position bringen.

Ab 3 Jahren: tapezieren helfen

Wenn Ihr Kind ein eher kreativer Typ ist, darf es vor dem Anstreichen noch mal die Wände mit seinen Stiften voll kritzeln oder sich mit einem kleineren Pinsel und der Wandfarbe mal so richtig in Wandmalereien üben.

Ab 2 Jahren: malern

TIPP!

Etwas für kleine »Häuslebauer«

Hat Ihr Kind kein Puppenhaus? Dann kleben und tackern Sie doch einfach einige Schuhkartons ohne Deckel (mit den Öffnungen nach vorn) auf- und aneinander. Die »Innenwände« lassen sich dann gut mit Tapete bekleben. Die Zimmer werden noch mit ein paar Möbeln aus der eigenen Werkstatt (siehe Kasten Seite 84) eingerichtet, und schon ist das Puppenhaus fertig! Größere Kartons ergeben ein Haus für (Barbie-)Puppen oder Stofftiere.

Sie können Ihrem Kind auch Tapetenreste vermachen. Darauf darf es dann etwas Bleibendes malen oder zeichnen. Oder es kann kleine Stücke davon ausschneiden und sein Puppenhaus damit tapezieren.

Für Ihr Kind eine ganz besondere Aktion: Wände bemalen.

TIPP!

Ideen für einfache Werkstücke

Kinder sind oft schon mit einfachen Dingen zu begeistern. Vor allem, wenn sie daran mitarbeiten durften! Die folgenden Stücke können Sie noch bunt oder farblos lackieren, zum Beispiel mit Plaka-Farben oder Acryllacken. Dazu trägt Ihr Kind am besten einen Malkittel.

- In ein Holzstück viele Nägel schlagen, die noch mit Wollfäden umwickelt werden können.
- Eine Buchstütze aus zwei geleimten oder genagelten Brettern anfertigen.
- Eine Kiste aus gleich großen Holzteilen (quadratisch), geschraubt und geleimt, herstellen.
- Für eine Puppenwiege: eine Kiste mit zwei Holzbügeln als Füßen ausstatten.
- Eine Hakenleiste für Bad oder Küche entsteht aus einem Holzkochlöffel, in den vier kleine Schraubhaken gedreht werden, an der Rückseite zwei kleine Haken, um ihn aufzuhängen.
- Kleine einfache Puppenhausmöbel entstehen so: geschmirgelte Klötze als Sitze und Tische, geleimte Brettchen als Betten und Ähnliches.
- Stelzen können Sie aus zwei etwa 1,50 bis 2 Meter langen Vierkanthölzern bauen. Diese gut abschleifen. Dann in 20 bis 50 Zentimeter Höhe (vom Boden ab gemessen) jeweils 2 Löcher bohren. Ein Holzbrett (20 mal 10 Zentimeter) diagonal durchsägen, die 20 Zentimeter lange Seite mit Holzleim an die Stelze kleben und festschrauben.

Nageln, bohren und schrauben

Ihr Werkzeugkasten ist natürlich viel zu gefährlich, um ihn Ihrem Kind zu überlassen. Deshalb gibt es für Einjährige kleine Holz-Werkbänke mit Holzschrauben, Löchern für Holzklammern und einem eigenen Holzhammer. Damit kann Ihr Kind im 2. Lebensjahr gut parallel »arbeiten« und Sie imitieren, während Sie etwas mit echtem Werkzeug tun.

Ab 2 Jahren: mit Holz werken

▶ Schon im 3. Lebensjahr können Sie Ihrem Kind einen eigenen Werkzeugkasten, vielleicht eine Schuhschachtel, zusammenstellen. Damit darf es helfen, wenn es etwas zu hämmern oder zu schrauben gibt – immer in Ihrem Beisein selbstverständlich. Und das kann hinein: kleiner Hammer, kleine Kombi- oder Flachzange, kleiner, dicker Schraubenzieher, Zollstock, weiches Holz (Klötze oder Brettchen) und feines Schmirgelpapier. Später können noch Schraubzwinge und Wasserwaage dazukommen. Schrauben und Nägel geben Sie Ihrem Kind am besten Stück für Stück, wenn sie benötigt werden.

Ab 2 Jahren: heimwerken

▶ Stellen Sie gemeinsam mit Ihrem Kind kleine Werkstücke

selbst her (siehe Kasten auf Seite 84). Das fördert die praktischen Fähigkeiten und macht Ihr Kind stolz auf das nützliche Produkt, das es geschaffen hat.

▶ Je älter Ihr Kind wird, umso mehr können Sie es auch mit gefährlicherem Werkzeug vertraut machen, etwa mit einer Feile, später einer Säge (aus Eisen oder als Fuchsschwanz) oder mit Schnitzmessern, mit denen es aus dem Wald mitgebrachtes Holz bearbeiten kann. Zum Üben mit gefährlichem Werkzeug eignet sich übrigens weiches Holz recht gut. Bedenken Sie, dass Sicherheit dabei sehr individuell ist – je nachdem, ob ein Kind vorsichtig oder temperamentvoll ist, können Sie es früher oder später mit solchen Werkzeugen vertraut machen.

Reparaturen

Ab 4 Jahren: Geräte zerlegen

Beim Reparieren verschiedener Gegenstände und Geräte lernt Ihr Kind am besten, wie etwas funktioniert. Und wenn sich etwas mal nicht mehr richten lasst – auch kein Problem: Ihr Kind wird es dankbar an sich nehmen und in alle Einzelteile zerlegen. So kann es sich das Innenleben der Geräte und das Zusammenspiel von Zahnrädern, Ketten und anderen Teilen genau anschauen. Es hilft sicher auch begeistert beim Flicken eines Fahrradreifens. Wie der Reifen von der Felge gelöst, der Schlauch ins Wasser gehalten wird, um das Loch zu finden, das dann geflickt wird – all das ist faszinierend. Und Ihr Kind erwirbt dabei nützliche Fertigkeiten und Kenntnisse.

Ab 3 Jahren: Fahrradreifen flicken

Autowaschtag

Wenn Ihr Auto mal wieder eine gründliche Wäsche vertragen kann, vergessen Sie Ihr Kind nicht – oder übertragen Sie ihm diese Aufgabe ganz! Bei schönem Wetter ziehen Sie ihm möglichst wenig an, bei kühler Witterung vergessen Sie Gummistiefel und Regenschutz nicht. Ein Eimer mit viel Seifenschaum und ein großer Schwamm genügen Ihrem Kind, um das Auto richtig dick einzuseifen. Und danach kann es mehrere Eimer klares Wasser drübergießen. Gibt es keinen ausgewiesenen Autowaschplatz, kann Ihr Kind mit einem schwach eingestellten Gartenschlauch das Auto abspritzen. Bestimmt benutzt Ihr Kind auch gern den Gummiwischer vom Fensterputzen. Solche großflächigen »Putzarbeiten« sind ideal für kleine Kinder, denn da müssen sie nicht so aufpassen, können ihren Bewegungsdrang richtig ausleben und mit viel Wasser spielen.

Ab 3 Jahren: Autowäsche

Spielend in die Freizeit

Kinder sind mit ihrer ganzen Aufmerksamkeit bei dem, was sie gerade erleben oder tun. Sie teilen ihr Leben nicht wie wir in Vergnügen und Pflicht: Sie lernen, während sie spielen, erledigen ihre Pflichten wie ein Spiel, tanken Energie, während sie toben ...
Sie können Ihr Kind dabei unterstützen, sich in der Freizeit zu erholen – und gleichzeitig Neues zu entdecken, Unbekanntes kennen zu lernen und die verschiedensten Fähigkeiten zu entwickeln. Die folgenden Anregungen sollen Ihnen dabei helfen, die gemeinsame Freizeit für Eltern und Kinder angenehm zu gestalten.

Bewegung und Entspannung für jeden Tag

Kinder brauchen viel Bewegung, um sich optimal zu entwickeln. Doch heute ist das Kinderleben häufig von Bewegungsarmut und passivem Konsum bestimmt statt von aktivem Tun, Herumtoben und Tollen. Oft scheinen Platz und Gelegenheit für Bewegung zu fehlen. Aber das täuscht: Im Alltag gibt es viele Situationen, in denen Kinder von Kopf bis Fuß in Bewegung sein können, auch zu Hause. Und es muss dabei nicht immer wild zugehen.

Erholung für Eltern und Kinder

Ebenso wichtig sind die täglichen Momente der Ruhe und des Sich-Fallen-Lassens (siehe ab Seite 94) – aber auch diese kommen oft zu kurz. Und weil Bewegung und Entspannung den Eltern ebenso fehlen wie den Kindern, finden Sie auf den folgenden Seiten viele Übungen, die Sie gemeinsam mit Ihrem Kind machen können.

TIPP!

Rundum gut für Körper und Seele

Denken Sie daran: Körperliche Bewegung schult nicht nur Kraft, Ausdauer, Beweglichkeit, Koordinationsfähigkeit und Geschicklichkeit. Sie hilft auch, Aggressionen abzubauen und Selbstkontrolle zu lernen.

Bewegt durch den Alltag

Ab 1 Jahr: Tiere nachahmen

- Wenn Sie draußen oder in der Wohnung mit Ihrem Kind unterwegs sind, können Sie, statt normal zu gehen, sich auch »besonders« bewegen. Ahmen Sie zum Beispiel Tiere nach: Schaukeln Sie behäbig wie ein Elefant, stolzieren Sie wie ein Storch, hüpfen und quaken Sie wie ein Frosch … Solche Spiele schulen das Koordinationsvermögen und den Gleichgewichtssinn.

Ab 2 Jahren: auf der Linie balancieren

- In der Wohnung kann Ihr Kind ab etwa 2 Jahren balancieren, zum Beispiel am Rand der Bodenfliesen oder an der Parkettschnittstelle. Sie können dazu auch einen Wollfaden auslegen oder einen Streifen Teppich. Diese Balancierübung wird auch in der Montessori-Pädagogik empfohlen (siehe Kasten rechts oben). Anspruchsvoller wird die Übung, wenn Sie kleine Hindernisse aufstellen, über die Ihr Kind steigen oder springen muss. Auch wenn Ihr Kind Gegenstände – wie Stofftiere oder Spieleimer – dabei trägt, wird das Balancieren deutlich schwieriger, ebenso, wenn es einen Gegenstand auf dem Kopf balancieren soll, etwa ein Buch.

▶ Im Freien können Sie mit Kreide einen Strich oder Schlangenlinien ziehen, auf denen Ihr Kind laufen kann – immer schneller und schneller!

▶ Unterwegs findet sich sicher ein Mäuerchen zum Üben. Und im Garten können Sie ein Brett über eine Blechdose legen, so dass Ihr Kind darauf durch seine Gewichtsverlagerung nach rechts und links kippeln kann. Wenn Sie zwei Ziegelsteine oder zwei kleine Hocker unter die Enden des Brettes legen, wird es zum Schwebebalken. Noch lustiger wird das Balancieren mit einem aufgespannten Schirm – der hilft auch, das Gleichgewicht zu halten.

Mit lustigen Balancierübungen trainiert Ihr Kind seinen Gleichgewichtssinn.

Montessori-Hintergrund

Das »Gehen auf der Linie« gilt in der Montessori-Pädagogik als wichtige »Übung des praktischen Lebens«. Es fördert gezielt den Gleichgewichtssinn, die Körperkontrolle sowie die Koordination und Konzentration. Ziel ist es, die körperliche Geschicklichkeit so zu trainieren, dass das Kind das »richtige Gehen« lernt.

Hüpfen, klettern, tanzen ...

▶ Wenn Sie mit Ihrem Kind unterwegs sind, etwa zum Einkaufen (siehe auch ab Seite 64), kann es sich viel bewegen. So kann es beim »Kästchenspringen« in einer bestimmten Reihenfolge über die Pflastersteine auf dem Gehsteig springen, etwa »rechtes und linkes Bein im Wechsel« oder »ein Bein, zwei Beine, ein Bein«.

Ab 2 Jahren: Kästchenspringen

▶ Klettern macht Kindern großen Spaß und ist wichtig für die Körperbeherrschung und die Raumwahrnehmung: Geübte Kletterer bewegen sich insgesamt viel sicherer. Auch zu Hause können Sie mit Ihrem Kind klettern üben. Stellen Sie dazu mehrere Stühle nebeneinander auf den Teppich und lassen Sie Ihr Kind darauf und darüber klettern. Im Garten und im Freien sollten Sie keine Angst vor Kletterbäumen

Ab 1 1/2 Jahren: klettern

Hoch hinaus – das stärkt das Selbstvertrauen.

haben. Kinder haben in der Regel ein ausgezeichnetes Gefühl dafür, welche Bäume sie bewältigen können und welche (noch) nicht.

Ab 1 Jahr: Tanzen

▶ Damit sich Ihr Kind körperlich mal richtig verausgaben kann, legen Sie ihm flotte Musik auf, zu der es sich bewegen oder tanzen kann. Auch Hüpfen geht prima im Dreivierteltakt!

Ab 1 1/2 Jahren: Tauziehen

▶ Beim Tauziehen kann Ihr Kind seine Kräfte messen. Wenn Sie gerade Waschtag haben (siehe ab Seite 51), können Sie ein Handtuch oder Bettlaken vor oder nach der Wäsche drehen und kräftig ziehen – Ihr Kind auf der einen, Sie auf der anderen Seite. Damit haben unsere Eltern nach dem Waschen Laken und Tücher in Form gezogen – eigentlich eine schöne Tradition. Sie können auch ein festes Küchentuch ziehen, wenn Sie gerade mit Ihrem Kind in der Küche beschäftigt sind, oder einen festen Schal beim Anziehen.

Ab 1 Jahr: Zeitungen und Stoffe zerreißen

▶ Um Wut oder Zorn abzureagieren, kann Ihr Kind Zeitungen oder Stoffe zerreißen. Das macht auch bei guter Laune Spaß! Geben Sie Ihrem Kind dazu einige alte Zeitschriften oder Kataloge, die es für die Altpapiersammlung »fertig machen« darf (siehe auch Seite 51). Es kann sie nach Herzenslust zerreißen, auch viele Seiten auf einmal, dabei spürt es seine ganze Kraft.

Gemeinsam turnen

Nehmen Sie sich täglich 15 Minuten Zeit, um eine gemeinsame »Turnstunde« abzuhalten. Dafür eignet sich eigentlich jeder Raum mit einer Temperatur von 20 bis 21 °C, in dem es eine freie Bodenfläche von etwa sechs Quadratmetern gibt. Als Unterlage legen Sie eine Decke auf den Teppichboden. Auf Parkett sind eine Turnmatte oder die Isomatte vom Zelten geeignet. Im Sommer ist die Wiese im Garten die ideale Turn-Unterlage. Ziehen Sie bequeme, leichte Kleidung an, es kann auch nackt geturnt werden. Viele Kinder finden es schön, wenn sie extra Turnkleidung an-

Das gemeinsame Turnen als schönes Ritual

ziehen dürfen: Das können Leggings oder Radlerhose sein und dazu ein T-Shirt, das nur fürs Turnen reserviert ist.
Sie können Ihre gemeinsame Turnstunde schon gleich nach der Geburt einrichten: Viele Übungen der Rückbildungsgymnastik können Sie zusammen mit Kind machen. Das hat den Vorteil, dass Sie nicht warten müssen, bis Ihr Kind schläft, und Sie gewöhnen sich an die tägliche Gymnastik, die Ihnen und Ihrem Kind so gut tut.

Spiele mit Bällen

Bälle eignen sich bestens dafür, Kinder ständig in Bewegung zu halten. In der Wohnung sind sie allerdings meist gefährliche Wurfgeschosse. Deshalb können Sie für die folgenden Ballspiele (siehe Kasten unten) auch Luftballons (in Hüllen) oder Wasserbälle verwenden. Die können kaum Schaden anrichten. Glas, Spiegel und Porzellan sollten natürlich trotzdem nicht im Weg herumstehen.

Ab 1 1/2 Jahren: Luftballonspiele und Spiele mit dem Tischtennisball

TIPP!

Ballspiele – eine runde Sache

Vergnügen mit Bällen oder Luftballons

- Ihr Kind wirft einen Ballon über eine Schnur und fängt ihn auf der anderen Seite wieder auf.
- Es schießt den Luftballon möglichst weit weg oder wirft so fest, dass ein auf dem Boden sitzendes Kuscheltier umfällt.
- Durch seine gespreizten Beine wirft Ihr Kind den Luftballon nach oben.
- Das Kind wirft den Ballon hoch, klatscht zweimal und versucht ihn wieder aufzufangen.
- Es legt den Luftballon auf seinen Kopf und versucht ihn möglichst lange durch Ausbalancieren dort zu halten – ohne die Hände zu benutzen.

Das gibt Fingerspitzengefühl: Spielereien mit dem Tischtennisball

- Korbball: Ihr Kind zielt aus immer größerer Entfernung in einen Papierkorb oder Eimer.
- Es versucht den Ball möglichst lange auf einem Tischtennisschläger zu halten, ohne dass er auf den Boden fällt.
- Ballschnippen: Mit Daumen und Mittelfinger muss der Ball möglichst nah an eine Wand »geschnippt« werden (geht auch mit Murmeln).
- Bergauf: Auf einem Holzbrettchen, das leicht schräg gestellt wird, muss der Ball mit viel Gefühl bergauf angestoßen werden.
- Für zwei und mehr: Alle sitzen im Grätschsitz im Kreis und rollen sich den Ball zu.
- Den Tischtennisball auf dem Kopf balancieren.

Gemischtes Doppel

Es gibt viele Übungen, die Sie gemeinsam mit Ihrem Kind machen können. Dabei geht es nicht um sportliche Leistungen, sondern um spielerische Übungen, die Motorik und Gleichgewichtssinn fördern, aber auch die Eltern-Kind-Beziehung unterstützen, denn hier bilden Sie ein Team, das »zusammenarbeitet« und viel Spaß miteinander hat.

Ab 1 Jahr: Hubschrauber

▶ Strecken Sie in Rückenlage die Füße nach oben. Legen Sie Ihr Kind auf Ihre Fußsohlen und versuchen Sie, die Beine anzuziehen und wieder nach oben zu strecken. Halten Sie Ihr Kind dabei mit Ihren Händen fest.

Ab 1 Jahr: Thron

▶ Ist Ihr Kind schon größer, können Sie die Knie zur Brust ziehen, und es setzt sich auf Ihre angezogenen Schenkel und lehnt sich an Ihren Unterschenkeln an.

Ab 2 Jahren: Schubkarre

▶ Ihr Kind liegt auf dem Bauch und stützt sich mit den Händen ab. Sie heben seine Füße hoch (bei kleinen Kindern zuerst die Hüfte, dann den Unterkörper), bis Rücken und Arme einen rechten Winkel bilden. Gehen Sie langsam einige Schritte mit Ihrer »Schubkarre«. Nach und nach können Sie das Tempo steigern.

Ab 1 1/2 Jahren: Rad fahren

▶ Sie sitzen einander gegenüber. Legen Sie sich auf den Rücken und heben Sie die angewinkelten Beine an. Ihre Fußsohlen liegen an denen Ihres Kindes. Nun fahren Sie »Rad«. Anfangs ist es einfacher, wenn Sie die Füße Ihres Kindes in Ihre Hände nehmen und seine Bewegungen steuern.

Ab 2 Jahren: Aufstehhilfe

▶ Sie sitzen sich im Schneidersitz gegenüber, fassen sich an den Händen und versuchen gleichzeitig aufzustehen und sich wieder hinzusetzen.

Ab 2 Jahren: Huckepack

▶ Nehmen Sie Ihr Kind »wie einen Rucksack« auf den Rücken. Halten Sie es unter den Knien fest und laufen Sie immer schneller.

Ab 1 Jahr: hoch hinaus

▶ Ihr Kind sitzt auf Ihren Schultern, Sie halten es an den Unterarmen, später an den Fußgelenken. Gehen Sie erst langsam, dann immer schneller.

Ab 1 1/2 Jahren: Reiter

▶ Gehen Sie in den Vierfüßlerstand, so dass Ihr Kind auf Ihrem Rücken reiten kann, zuerst mit seinem Oberkörper auf Ihrem Rücken liegend, später sitzend.

Ab 1 Jahr: Krabbelkünstler

▶ Sie stellen sich in den Vierfüßlerstand, Ihr Kind krabbelt darunter durch.

Ab 1 Jahr: Flieger

▶ Halten Sie Ihr Kind an den Handgelenken, heben Sie es hoch und drehen Sie sich einige Male langsam im Kreis. Dasselbe können Sie machen, wenn Sie Ihr Kind an einem Hand- und an einem Fußgelenk fassen.

Ab 1 Jahr: Lass dich fallen

▶ Eine Übung, die das Vertrauen stärkt: Ihr Kind lässt sich rückwärts, möglichst mit gestrecktem Körper, in Ihre Arme fallen, die es sicher auffangen.

Ab 2 Jahren: Hindernislauf

▶ Das kann ein richtiges »Programm« für schlechtes Wetter sein: Veranstalten Sie auf dem Wohnzimmer- oder Kinderzimmerboden einen Hindernislauf. Stellen Sie dafür allerlei Gegenstände »in den Weg«: Kissen, umgedrehte Eimer, große Kartons, Kinderstühle und mehr. Ihr Kind kann nun um die Hindernisse herumlaufen, über sie steigen oder hüpfen oder unter ihnen durchkrabbeln (großer Stuhl).

TIPP!

Ideen für die kleine »Turnstunde«

- Purzelbaum (ab 2 Jahren)
- Seilhüpfen
- Auf dem Boden hin und her rollen (Arme gerade am Körper oder über den Kopf gestreckt)
- Hüpfen wie ein Hampelmann
- Auf einem Bein hüpfen
- Weithüpfen
- Auf Zehenspitzen laufen

Sport mit verteilten Rollen

Ab 2 Jahren: Turnstunde

Auch wenn Ihr Kind allein turnt, können Sie ihm viele schöne Übungen zeigen. Sagen Sie die Namen der Übungen immer dazu, so wird Ihr Kind bald wissen, was es tun muss, wenn Sie »Purzelbaum« oder »Hampelmann« rufen. Dann können Sie eine richtige Turnstunde abhalten. Aber machen Sie sich darauf gefasst: Ihr Kind wird die Rollen auch tauschen wollen. Dann ist es selbst der Lehrer, turnt vor und sagt Ihnen, was Sie tun sollen.

Tun Sie etwas für Ihre Fitness und lassen Sie Ihre Kinder dabei Spaß haben.

Entspannung tut allen gut

Meist kommt im Kinderalltag nicht nur die Bewegung zu kurz, sondern auch die Entspannung: die ruhigen Momente, in denen sich Körper, Geist und Seele erholen können, in denen Stille herrscht oder eine beruhigende Musik die Reise nach innen unterstützt. Und auch das viele Neue, das Ihr Kind täglich erlebt, ob beim Einkaufen, im Kindergarten oder bei Besuchen von Freunden und Verwandten, will erst verarbeitet sein.

Ab 1 Jahr: Entspannungsübungen

Dazu eignen sich verschiedene Entspannungsübungen, aber auch ruhige Tätigkeiten, wie das Anschauen eines Bilderbuches oder gemeinsames Kuscheln.

Entspannen – sportlich, kuschelig oder mit Musik

▶ Ruhige Musik anzuhören, am besten im Liegen oder in einen bequemen Sessel gekuschelt, verhilft meist schnell zu innerer Ruhe. Dazu eignen sich klassische Orchestermusik (siehe Kasten Seite 99), Kinderopern und spezielle Entspannungsmusik.

▶ Liegen und sanftes Schaukeln in einer Hängematte übt auf Kinder – und Erwachsene – eine sehr beruhigende Wirkung aus.

Montessori-Hintergrund

In der Montessori-Pädagogik gibt es die »Stille-Übung« als Teil der »Übungen des praktischen Lebens«, mit der Kinder (ab 3 Jahren) zur Ruhe geführt werden. Dazu wird das Kind zunächst gefragt, ob es bereit zur Stille ist. Wenn ja, kann sich das Kind, eventuell bei abgedunkeltem Raum, auf eine Decke am Boden legen, aber auch auf den Boden oder einen Stuhl setzen. Das Kind kann dann wählen, ob es für die Stille-Übung auf Geräusche oder Musik hören oder lieber an etwas denken möchte. Dann beginnt die Entspannungsübung (siehe Vorschläge auf der rechten Seite).

▶ Ähnlich erfolgreich sind Vollbäder und sanfte Massagen, oder einfach nur sanftes, großflächiges Streichen und Streicheln.

▶ Wenn Sie verspannt sind, versuchen Sie es doch mal mit einer besonderen Rückenmassage: Legen Sie sich auf den Bauch. Ihr Kind darf vorsichtig, barfuß oder in Strümpfen, über Ihren Rücken laufen. Achtung: Es sollte dabei niemals direkt auf der Wirbelsäule laufen, nur daneben!

Kuscheln, streicheln und gemeinsam die Stille genießen

▶ Ihr Kind wird es mögen, auf dem Bauch zu liegen, während Sie verschiedene Motive auf seinen Rücken malen, die es erraten muss: ein Haus, einen Baum, die Sonne oder auch einfache geometrische Figuren, etwa Kreise, Dreiecke oder Vierecke.

▶ Mit Kindern ab 4 Jahren können Sie sich auch auf den Boden, auf ein großes Sofa oder aufs Bett legen und gemeinsam Bildbände wie Reise- und Kunstbücher ansehen. In solchen Büchern sind schöne, große Abbildungen, auf denen es viel zu sehen und über die es viel zu erzählen gibt. Übrigens haben kleine Kinder einen oft erstaunlichen Zugang zu abstrakten Kunstwerken (siehe auch ab Seite 102) – probieren Sie es ruhig einmal aus!

Entspannungsübungen für Eltern und Kinder

▶ Um Sie herum sollte Stille herrschen. Helfen Sie auch Ihrem Kind, innerlich zur Ruhe zu kommen (siehe Kasten rechts oben). Legen Sie sich nun gemeinsam auf einen Teppich. Arme und Beine liegen locker ausgestreckt neben dem Körper, etwas abgespreizt. Ihr Kind soll versuchen, sich nicht zu bewegen und ganz still zu sein. Oft hilft es, wenn Sie es auf seinen Atem aufmerksam machen: Es soll ruhig atmen und genau auf das Ein- und Ausatmen achten. Atmen Sie so, dass Ihr Kind Ihre Atemzüge hören kann. Denken Sie daran, dass Kinder schneller atmen als Erwachsene. Wenn es die Hände auf seinen Bauch legt, kann Ihr Kind spüren, wie sein Atem dort hinwandert.

Ab 3 Jahren: Atemübung

TIPP!

Still werden ...

Fällt es Ihrem Kind schwer, zur Ruhe zu kommen, können Sie es mit einer kleinen »Phantasiereise« versuchen:
»Mach die Augen zu und stell dir vor, wie oben am Himmel die Wolken langsam vorbeiziehen. Alles ist ganz still, auch wir ...«

▶ Sie können auch einfache Meditationsübungen machen. Setzen Sie sich dazu auf den Boden oder an einen Tisch, stellen Sie in die Mitte eine Kerze und blicken Sie so lange hinein, bis Ihr Kind die Konzentration verliert. Oder Sie legen in die Mitte ein buntes Mandala-Bild, das Sie betrachten. Auch das Ausmalen von Mandalas wirkt beruhigend und ausgleichen auf die meisten Kinder.

Ab 3 Jahren: Meditationsübung

▶ Wenn ein Kind gar nicht zur Ruhe kommt, können die Eltern auch »mit vereinten« Kräften einen Versuch machen: Das Kind legt sich auf eine Decke, jeder Elternteil fasst zwei Zipfel der Decke. Heben Sie Ihr Kind nun wie in einer Hängematte hoch und wiegen Sie es sanft hin und her. Diese Übung kann auch zu einer wilden Bewegungs- und Gleichgewichtsübung werden.

Ab 1 Jahr: Schaukeldecke

Freizeit daheim – Zeit für die ganze Familie

Sicherheit und Geborgenheit finden

Ihr Kind braucht die Geborgenheit der Familie – egal, aus wie vielen Menschen diese besteht. Es wird Situationen erleben, in denen einer für den anderen da ist. Es wird lernen: Die Familie ist für mich da, ich für die Familie. Das heißt auch schon für Ihr Kind, kleine Pflichten und Verantwortung zu übernehmen, zu geben und zu empfangen, zu teilen und Achtung voreinander zu haben. All das lernt es im Leben mit Ihnen, durch Ihr Vorbild und Ihre Erziehung.

Familienzeit genießen

In der gemeinsamen Freizeit haben Sie für vieles Zeit, was im Alltag oft zu kurz kommt. Deshalb sollten Sie sich da ganz bewusst für besondere Aktivitäten mit Ihrem Kind Zeit nehmen. Das heißt nicht, dass Ihre eigenen Bedürfnisse zurückstehen müssen. Vieles, was Sie in der Freizeit gern tun möchten, wie Zeitung lesen oder Ausstellungen besuchen, können Sie auch mit Ihrem Kind machen – und Sie tun damit sich und ihm etwas Gutes.

Gemeinsam Zeitung lesen

Ab 2 Jahren: Zeitung »lesen«

Bestimmt ist Ihr Kind immer wieder sehr an der Zeitung interessiert, in der Sie gerade blättern. Sie wollen aber ungestört lesen. Was tun? Versuchen Sie Ihr Kind einzubeziehen. Denn wenn Sie es zurückweisen, indem Sie ihm sagen, dass Sie in Ruhe Zeitung lesen möchten, wird es die Zeitung als »Konkurrenz« um Ihre Aufmerksamkeit empfinden – und wird versuchen, Sie zu stören, bis Sie genervt aufgeben und das Lesen auf den Abend verschieben, wenn Ihr Kind schläft.

Die Freizeit teilen – so haben alle mehr davon.

TIPP!

Besser eigene Worte finden

Erzählen Sie Ihrem Kind Geschichten zu den Bildern mit eigenen, kindgerechten Worten. Lesen Sie nicht direkt aus der Zeitung vor: Die Sprache ist für Kinder schwer oder gar nicht verständlich. Außerdem ist der Inhalt häufig zu grausam: Katastrophen oder Kriegsberichte – das ängstigt Kinder sehr. Deshalb sollten auch Fernsehnachrichten für Kinder absolut tabu sein!

So macht das Lesen beiden Spaß

Sinnvoller ist es, einige Male die Zeitung gemeinsam zu durchforsten. Vielleicht finden sich ja Fotos, die für Ihr Kind interessant sind, etwa von Tieren: Im Tierpark wurde ein neues Elefantenbaby geboren! Oder es sieht etwas von Kindern aus anderen Ländern. Sie können Ihrem Kind dann, wenn es fragt, eine Geschichte dazu erzählen.

Neuigkeiten, die Kinder interessieren

Wenn Sie immer wieder einmal mit Ihrem Kind gemeinsam Zeitung »lesen«, wecken Sie sein Interesse an diesem Medium. Es wird schon bald selbst eine Zeitung oder geeignete Zeitschriften in die Hand nehmen und nach für sich Interessantem durchsuchen – und Sie können in Ruhe Zeitung lesen!

Reisen – und das nur mit der Phantasie

»Verreisen« Sie doch einmal gemeinsam – vielleicht an einem verregneten Tag. Nehmen Sie dazu einen Globus und fahren Sie gemeinsam Reiserouten ab – vielleicht die für den nächsten Urlaub. Oder machen Sie zusammen eine »Finger-Weltreise«. Starten Sie von Ihrem Wohnort – ist er überhaupt eingezeichnet? Fahren Sie einmal um die Erde. Wie lange würden Sie wohl brauchen? Welche Verkehrsmittel benutzen Sie? Drehen Sie den Globus, Ihr Kind schließt die Augen und hält den Globus dann mit dem Finger an. In welches Land ist es gereist? Auf welchem Kontinent ist es angekommen? Welche Sprache wird dort gesprochen? Welche Tiere leben dort? In Kinderatlanten können Sie das alles anhand schöner Bilder erklären.

Ab 3 Jahren: Globus-Reisen

TIPP!

Bald im Urlaub

Wenn Sie den Weg zum nächsten Urlaubsort mit Ihrem Kind vorab »erfahren« möchten, eignen sich dafür vielleicht ein Atlas oder eine Landkarte besser als ein Globus. Per Fingerreise können Sie schon all die Straßen entlang und durch die Orte fahren, die Sie bald wirklich sehen werden.

So ein Theater!

Kinder lieben es, sich zu verkleiden. Spätestens, wenn Ihr Kind mit den Rollenspielen beginnt, also um den 3. Geburtstag, sollten Sie dafür eine Verkleidungskiste anlegen. Viele Stücke, die Sie früher in die Altkleidersammlung gegeben haben, gehören hier hinein, aber auch andere Requisiten.

Ab 2 1/2 Jahren: Theater spielen

Die geheimnisvolle Truhe

In der Kiste sind folgende Stücke gut aufgehoben: Tücher, Kleider, Hüte, Taschen, Decken, Kissen, Modeschmuck, Schminke (vielleicht spezielle für den Karneval), Bänder, Gummis und Schleifen sowie ein großer Spiegel. Mit dem Inhalt einer solchen Kiste können Sie und Ihr Kind Theater spielen. Zwei, drei verschiedene Rollen reichen für den Anfang völlig. Das Wichtigste dabei ist zunächst ohnehin das Verkleiden.

Kinder lieben es, sich zu verkleiden – und so in immer neue Rollen zu schlüpfen.

Ausflüge in die Zauberwelt Musik

Auch durch andere Aktivitäten können Sie das musische und kulturelle Interesse Ihres Kindes fördern, etwa indem Sie gemeinsam Ausstellungen besuchen (siehe ab Seite 102) oder Musik hören. Musik in mäßiger Lautstärke können Sie neben der Hausarbeit hören (siehe auch Seite 32), wenn Sie sich gemeinsam mit Ihrem Kind entspannen möchten (ab Seite 94) oder einfach Lust haben, »gute« Musik zu hören. Für Kinderohren eignen sich viele klassische Musikstücke, aber auch so genannte Ethnomusik. Sie fördern damit nicht nur den Geschmack Ihres Kindes, seine Musikalität, sein Rhythmusgefühl, sondern auch seine intellektuelle Entwicklung. Viele Studien belegen, dass Musik in höheren Frequenzen – also fast alle klassischen Stücke – für die Entwicklung des Gehirns förderlich ist. Besonders geeignet für Kinder sind die meisten Stücke von Mozart (siehe Kasten auf der rechten Seite).

Ab 1 Jahr: Musikgenuss

Wenn Sie gemeinsam Musik hören, sollten Sie Ihr Kind auch auf einzelne Instrumente aufmerksam machen, etwa an einer Stelle, an der Flöten oder Geigen einsetzen oder ein Paukenschlag

TIPP!

Musik für große und kleine Ohren

Klassische Musik:

- Rimski-Korsakow: »Hummelflug«
- Rossini: »Gewittermusik«
- Saint-Saëns: »Karneval der Tiere«
- Prokofjew: »Peter und der Wolf«
- Bach: »Air« aus der Orchestersuite Nr. 3
- Haydn: »Symphonie mit dem Paukenschlag«
- Tschaikowsky: »Nussknacker-Suite«

Andere Musikstücke:

- Alte italienische und griechische Schlager und Volkslieder (sind meist sehr melodisch und eignen sich deshalb ebenfalls)
- Kinderlieder: Zusammen in der Muttersprache zu singen, macht Spaß und fördert Sprache und Musikalität

zu hören ist. Erzählen Sie Ihrem Kind vorher auch die dazugehörige Geschichte, etwa die von der »Zauberflöte« mit ihren vielen märchenhaften Details. Das mögen Kinder! Und sie erkennen so, wie die Handlung durch die Musik unterstützt wird. Wenn sich Ihr Kind dafür interessiert, können Sie auch bei Musik aus anderen Ländern erzählen, welche Instrumente zu hören sind, woher die Musik kommt und wie die Kinder dort leben.

Musik selbst machen

Rhythmisches Klopfen ist der erste Schritt zum Musikmachen. Wenn Sie selbst ein Instrument spielen, wird es Ihnen leicht fallen, Ihr Kind an dieses Thema heranzuführen. Vielleicht greifen Sie ja die Tradition der Hausmusik auf und spielen regelmäßig im Familienkreis auf verschiedenen Instrumenten. Falls Sie sich für unmusikalisch halten oder bisher keinen Zugang zum Musizieren gefunden haben – Ihr Kind gibt Ihnen Gelegenheit dazu. Kindern ist es nämlich völlig egal, ob Sie richtig singen oder ein Instrument perfekt spielen – sie lieben einfach Musik!

Ab 1 Jahr: »Musik« machen

Instrumente finden

Selbst gebastelte Instrumente sind für den Anfang völlig ausreichend. Zahlreiche Anregungen dafür finden Sie ab Seite 116. Auf diesen einfachen Instrumenten gelingen die ersten Versuche meist gut. Auch eine Mundharmonika, eine Flöte oder ein Xylophon sind geeignet – und natürlich alle Instrumente, die Sie ohnehin schon besitzen.

Geeignete Instrumente für Kinder

Durch aktives Musizieren wird laut wissenschaftlicher Studien nicht nur die Intelligenz gefördert, sondern auch Kreativität und Kommunikationsfähigkeit.

Die kindliche Kreativität fördern

Die kindliche Phantasie ist schier grenzenlos: So kann ein Kind auch mit einem Topf und einem Kochlöffel intensiv spielen. Um etwas zu gestalten, also mit den Fingern zu modellieren oder etwas zu malen, reicht es, wenn Sie ihm einige Materialien zur Verfügung stellen und grundlegende Anregungen geben.

»Spielfutter« zur Verfügung stellen

Alle kreativen Spiele – das Tippen auf einer Schreibmaschine oder Tastatur, Papier zerreißen, mit den Händen kneten, Spielereien mit Sand – trainieren die Fingergeschicklichkeit und fördern sogar die Sprachentwicklung, wie Untersuchungen zeigen. Also nutzen Sie freie Zeit mit Ihrem Kind auch zum Basteln und Malen. Dafür eignen sich besonders Fingerfarben und Wachsmalkreiden, später auch Buntstifte und Wasserfarben. Gemalt werden muss nicht immer nur auf Zeichenpapier: Sie können Ihrem Kind auch Zeitungen, Packpapier und Tapetenrollen anbieten. Die großflächigen Untergründe eignen sich für kleine Kinder oft besser, außerdem können Sie darauf von Zeit zu Zeit die Körperumrisse Ihres Kindes zeichnen und so ein Selbstbild(nis) entstehen lassen: Ihr Kind hat sein Wachstum damit immer vor Augen.

Toll: ein lebensgroßer Umriss Ihres Kindes als »Gemälde«!

Für das Gestalten mit den Händen eignen sich verschiedene Teige. Schön ist es natürlich, mit dem Plätzchen- oder Brotteig Essbares zu kneten (ab Seite 40).

Modellieren mit Salzteig

Für bleibende Kunstwerke eignet sich Salzteig besser.

Ab 2 Jahren: modellieren

Das brauchen Sie:
2 Tassen Salz
2 Tassen Mehl
1 Tasse Wasser

So wird's gemacht

▶ Alle Zutaten miteinander vermischen. Eventuell noch 1/2 bis 1 Esslöffel Kleister dazugeben. Ein weiteres Salzteig-Rezept finden Sie ab Seite 40.

Selbst gemachte Knete

Sie können auch »richtige« Knete selbst herstellen.

Zutaten

Das brauchen Sie:
400 Gramm Mehl
200 Gramm Salz
3 Teelöffel Alaunpulver (aus der Apotheke)
400 Milliliter kochendes Wasser
3 Esslöffel Öl
Lebensmittelfarben nach Wunsch

So wird's gemacht

▶ Mehl, Salz und Alaunpulver vermischen. Geben Sie dann das heiße Wasser und das Öl dazu und kneten Sie alles gut durch. Sie können die Knete teilen und jedes Teil mit einer anderen Lebensmittelfarbe färben.
In Plastiktüten oder -dosen hält sich die Knete viele Wochen lang.

Formen aus Pappmaschee

Ab 3 Jahren: Pappmaschee

Sogar große Teile lassen sich aus Pappmaschee gut formen.

Zutaten

Das brauchen Sie:
Etwa 20 Doppelseiten Zeitungspapier oder Eierkartons
Schüssel oder Eimer mit Wasser
1 Tasse Tapetenkleister

So wird's gemacht

▶ Ihr Kind kann das Zeitungspapier oder die Eierkartons in kleine Stücke reißen und diese in einer Schüssel oder einem Eimer mit Wasser über Nacht einweichen lassen. Jetzt die eingeweichte Masse ausdrücken und das Wasser abgießen. Die Masse mit Tapetenkleister verkneten, bis sie sich wie Lehm verarbeiten lässt.

Große und kleine Kunstwerke

Für größere Körper können Sie auch zuerst eine Grundform erstellen. Dazu nehmen Sie leere Toiletten- und Küchenpapierrollen, die Sie zusammenstecken oder -kleben. Aus einer langen Rolle für den Körper und sechs kurzen Rollen für Beine, Hals und Kopf können Sie ein Tier entstehen lassen. Das Pappmaschee auf die Form aufbringen. Getrocknetes Pappmaschee können Sie bemalen, aber nicht mit Wasser füllen. Mehr Modellierarbeiten und Ideen finden Sie ab Seite 40.

TIPP!

Varianten mit Pappmaschee

Wenn Sie größere Gegenstände formen wollen, nehmen Sie am besten Zeitungsstreifen, die Sie in Tapetenkleister tauchen und auf eine gefettete Grundform in mehreren Schichten versetzt auflegen. Sie können so zum Beispiel einen »Kopf« oder eine Maske herstellen, indem Sie das Pappmaschee auf einen Luftballon auftragen (Augen frei lassen!), dann mehrere Tage trocknen lassen und den Luftballon zerstechen. Auch eine eingefettete Schüssel können Sie als Vorlage verwenden.

Ausflüge für die ganze Familie

Ihr Kind will mit all seinen Sinnen und seiner Wahrnehmung die Welt erobern – und auch mit seinen Füßen: Es will »raus«, will etwas gezeigt bekommen, will entdecken. Wenn Sie das bei Ihren Planungen berücksichtigen, werden gemeinsame Ausflüge ein Erfolg – und für alle zu einem schönen Erlebnis.

Ausstellungen und Museen

Die meisten Eltern überrascht das, aber viele Kinder sind für Kunstausstellungen zu begeistern. Selbstverständlich müssen Sie in Kauf nehmen, dass Sie selbst die Ausstellung nicht vollständig und in Ihrem Tempo besichtigen können. Meist genügt Kindern nämlich eine halbe Stunde mit bildhaften Eindrücken. Dann haben sie genug aufgenommen und sind erschöpft.

Ab 2 Jahren: Kunstausstellungen besuchen

Besonders »kindgerecht« sind Malereiausstellungen von Impressionisten, Expressionisten und Pop-Art-Künstlern, aber auch für moderne abstrakte Malerei sind kleine Kinder häufig sehr empfänglich. Auch Installationen und Skulpturensammlungen eignen sich meist gut für den Besuch – sogar schon mit kleinen Kindern. Klassische Gemäldesammlungen dagegen begeistern Kinder meist weniger, da sie die Sinne nicht so direkt ansprechen.

Kunst aufnehmen und Eindrücke wiedergeben

Denken Sie daran: Nach einem solchen Ausflug wird sich Ihr Kind zu Hause über eine Mal- oder Bastelstunde freuen, die mit der Ausstellung zu tun hat. Einige

Bunt und abwechslungsreich: So mögen Kinder Kunst am liebsten.

TIPP!

Diese Museen gefallen Kindern

Neben Ausstellungen (siehe links) eignen sich bestimmte Museen besonders gut schon für kleine Kinder: Das sind natürlich Spielzeug- und Puppenmuseen, aber auch technische Museen, in denen Kinder selbst etwas mit Schaltern in Bewegung versetzen dürfen. Fasziniert wird Ihr Kind auch in einem Prähistorischen oder Naturkunde-Museum zum Beispiel die Skelette von Urtieren bewundern.

Kunstpostkarten von den betrachteten Objekten können als Vorlage dienen – oder einfach als Erinnerung. Vielleicht darf sich Ihr Kind ja nach jedem Ausstellungs- und Museumsbesuch selbst eine Postkarte aussuchen.

Schöne Ausflüge

Kinder sind gern mit ihren Eltern unterwegs. Und es gibt einige »klassische Ziele«, die ihnen besonders gut gefallen.

Auf zum Bahnhof!

Ab 2 Jahren: Bahnhofsausflug

Es muss gar nicht immer ein richtiger Ausflug sein, der Sie zu besonderen Zielen führt. Wenn Sie einmal jemanden vom Zug abholen, nehmen Sie sich doch etwas mehr Zeit und besichtigen Sie vorher den Bahnhof. Hier gibt es für Ihr Kind eine Menge zu entdecken. Sie können das ganze Gelände abgehen, Ihrem Kind die Fahrkartenschalter zeigen und die Ankunfts- und Abfahrtafeln. Die Ansagen aus dem Lautsprecher werden Ihrem Kind sicher gefallen. Sie können auch einen Gepäckwagen benutzen, auf den sich Ihr Kind setzen darf. Sehen Sie sich auch die Züge genauer an. Zeigen Sie Ihrem Kind die Lokomotive, erklären Sie, wie die Lok ihre Energie aus der Oberleitung bekommt, wo sie auf den Schienen steht und was passiert, wenn der Zug sich in Bewegung setzt. Zeigt Ihr Kind Interesse, können Sie ihm alles detailliert erzählen. Falls es nicht nachfragt, versteht es Ihre Erklärungen wahrscheinlich noch nicht, oder diese genügen ihm im Moment.

Viel Interessantes für Augen und Ohren

Abenteuer Flughafen

Ab 2 Jahren: Flughafenausflug

Sie können einen ähnlichen kleinen Ausflug machen, wenn Sie jemanden vom Flughafen abholen. Hier ist der Ausblick aufs Rollfeld natürlich besonders interessant. Viele Flughäfen haben eine eigene Besucherzone oder einen Besucherpark, wo Sie auf Aussichtstürmen den startenden und landenden Flugzeugen zusehen können. Vergessen Sie dafür das Fernglas nicht!

Die riesigen Geräte und Fahrzeuge auf Baustellen faszinieren und begeistern Kinder.

Auf der Baustelle

Ab 2 Jahren: Baustellenausflug

Einen Baustellen-Ausflug können Sie ebenfalls mit den normalen Alltagspflichten verbinden, etwa dem Weg zum Einkaufen. Sicher befindet sich in Ihrer Umgebung irgendwo eine Baustelle. Gehen Sie doch in regelmäßigen Abständen dort vorbei – vielleicht alle paar Tage – und lassen Sie Ihr Kind bei der Entstehung eines Hauses zusehen. Es kann den vielen Baufahrzeugen beim Ausheben, Einebnen oder Anliefern zusehen, oder dem großen Baukran, der die Arbeiter mit Baumaterial versorgt. Ihr Kind sieht auch, wie die Wände wachsen, die Fenster eingebaut werden und das Dach gedeckt wird. Das alles sind spannende Vorgänge, die Ihrem Kind viel praktisches Wissen vermitteln. Vielleicht will es einem Arbeiter ja auch einige Fragen stellen. Denken Sie daran, dass dieser Ausflug an einem Wochentag schöner als am Sonntag ist, da ja dann nicht gearbeitet wird. Bestimmt möchte Ihr Kind zu Hause mit Konstruktionsspielzeug das Gesehene nachbauen. Für den Nachhauseweg auf so bekannten Wegen können Sie wieder die Ortskenntnis und Verkehrssicherheit Ihres Kindes trainieren: Lassen Sie sich von ihm zurückführen!

Für kleine Freizeitkapitäne: Schiffe & Boote

Wenn Sie in einer Stadt mit einem Hafen oder in der Nähe ei-

Ab 2 Jahren: Hafenausflug

nes Sees, eines Kanals oder einer Schleuse leben, können Sie auch Boote, Schiffe und Fähren einmal genauer unter die Lupe nehmen. Beobachten Sie gemeinsam das An- und Ablegen, das Be- und Entladen der Schiffe, den Bootsverkehr, die Passagierdampfer und vieles mehr.
Vielleicht gibt es auch einen Museumshafen, in dem Sie ein Schiff besichtigen können: Unter Deck einmal die Kojen, die Kombüse oder den Maschinenraum anzusehen, ist eine spannende Sache. Die Krönung ist natürlich das Mitfahren auf einem Schiff.

Auf einen Turm steigen

Ab 2 Jahren: Turmbesteigung

Ein hoher Turm ist faszinierend. Die Welt sieht von oben bekanntlich ganz anders aus. Alles scheint kleiner, ruhiger und langsamer. Das ist auch für Ihr Kind eine interessante Erfahrung. Besuchen Sie deshalb einmal gemeinsam einen Fernseh- oder einen Kirchturm. Auch Hochhäuser in Ihrer Umgebung können einen Blick über die Stadt bieten. Von dort oben können Sie auf die Suche gehen. Halten Sie Ausschau nach bekannten Gebäuden: Erkennt Ihr Kind etwas? Vielleicht den nahe gelegenen Kirchturm, seinen Kindergarten, das Wohnhaus? Findet es den Park, in dem Sie so oft spazieren gehen?

Auf dem Bauernhof

Ab 2 Jahren: Besuch auf dem Bauernhof

Wenn Sie nicht auf dem Land leben, ist für Ihr Kind ein Besuch auf einem Bauernhof ein ganz besonderer Ausflug. Vielleicht dürfen Sie sich einmal etwas umschauen, oder es gibt einen »Tag der offenen Tür«, an dem vielleicht sogar Führungen stattfinden. Im Sommer kann man häufig auf dazugehörigen Wiesen und Feldern selbst Erdbeeren oder Blumen ernten. Vielleicht ist in Ihrer Nähe aber auch ein Hof, von dem Sie Lebensmittel direkt beziehen können. Dadurch sieht Ihr Kind auch einmal die »eigentliche« Quelle seiner Nahrung. Es wird sich natürlich vor allem für die Tiere auf dem Bauernhof interessieren: Kühe und Schweine, Hühner und Gänse. Achten Sie darauf, dass der Hof nicht allzu technisiert ist: Eine Legebatterie oder Massentierhaltung werden Ihr Kind eher schockieren und Mitleid in ihm wecken.

Bekannte Wege neu entdecken

Spaziergänge müssen für Kinder nicht langweilig sein. Denken Sie daran, dass ein kleines Kind viel mehr Schritte machen muss, als Sie für die gleiche Strecke brauchen. Grundsätzlich sollte also nicht ein kleines Kind mit uns, sondern wir mit ihm gehen. Wir müssen Rücksicht auf sein Tempo nehmen, sollen nicht an ihm zerren und ihm Zeit zum Forschen am Wegrand geben. Es braucht auch Pausen, will sich ausruhen. Nehmen Sie also für die kleinsten Spaziergänger möglichst immer einen »Buggy« oder eine Rückentrage mit zu Ausflügen, dann macht es auch nichts, wenn Ihr Kind müde ist nach der Bewegung und zufrieden um sich schauen möchte – vielleicht will es sogar schlafen.

Auch Ruhepausen einplanen

Der Spaziergang als abenteuerlicher Ausflug

Interessant werden Spaziergänge durch allerlei Entdeckungen und viel Abwechslung. So können Sie auch ganz nebenbei viel für Körper, Geist und Seele Ihres Kindes tun. Verändern Sie zur Abwechslung einmal den Gang: »Watscheln« Sie zusammen, springen Sie über Kästchen, legen Sie einen Zwischenspurt ein, hüpfen Sie auf einem Bein (siehe auch Seite 89). Ihr Kind wird bestimmt begeistert mitmachen. Spannende Geschichten und interessante Unterhaltungen, auch gemeinsames Singen beleben den Spaziergang. Suchen Sie auf dem Weg nach kleinen Schätzen wie Blumen, schönen Steinchen oder Blättern, die Sie mit nach Hause nehmen können.

Immer wieder neue Spiele erfinden

Mit Spielen nebenbei halten Sie Ihr Kind »wach«: Beim Nachmachspiel macht einer von Ihnen etwas vor, der andere macht es nach – möglichst immer abwech-

Hüpfen und Springen tut kleinen und großen Spaziergängern gut!

Montessori-Hintergrund

Für das Training des Gehörs gibt es in der Montessori-Pädagogik Geräuschdosen. Sie sollen die akustische Aufmerksamkeit wecken und dabei helfen, Geräusche unterscheiden zu lernen. Bei dieser Übung sollen die Kinder (ab 3 Jahren) je zwei Dosen mit den gleichen »Geräusch-Inhalten« finden. Die undurchsichtigen Dosen sind zum Beispiel mit kleinen Perlen, mit Linsen, Reis oder Ähnlichem gefüllt.

selnd: über zwei Kästchen springen, auf einem Mäuerchen balancieren, mit beiden Beinen hüpfen … Weisen Sie Ihr Kind auf nahe gelegene Ziele hin: »Hinter der Kurve kommt eine Bäckerei. Siehst du da vorn die Ampel? Was glaubst du, wird sie anzeigen, wenn wir dort sind?«

Sehen, hören, riechen – mit allen Sinnen dabei

Suchen Sie gemeinsam nach markanten Objekten: »Lass uns ein Haus ohne Dach (mit Flachdach) suchen. Siehst du ein grünes Auto? Ich sehe ein offenes Fenster mit einer Katze – du auch?« Vielleicht zählen Sie auch die Schritte, die Sie bis zu einem bestimmten Punkt brauchen, oder Sie stoppen die Zeit.

Machen Sie Ihr Kind auch auf bestimmte Geräusche aufmerksam. Gerade in der Stadt fällt vieles gar nicht richtig auf, weil ein konstanter Geräuschpegel herrscht. Es ist eine gute Schulung für das Gehör, sich auf einzelne Geräusche zu konzentrieren: das Singen eines Vogels, das Schreien eines Kindes, der Lastwagen in einer Straße oder die Musik aus einem offenen Fenster.

Ab 3 Jahren: Geräuschquellen finden

Unterwegs im Wald

Der Wald bietet Ihrem Kind neben vielem anderen eine ideale Gelegenheit, den natürlichen Kreislauf von Werden und Vergehen kennen zu lernen (ähnlich wie der Garten, siehe ab Seite 56). Es beobachtet das Sprießen der Knospen und das Absterben der Blätter, nimmt die typischen

TIPP!

Das sollten Sie bei einem Spaziergang nicht vergessen:

- Bestimmungsbuch
- Wanderkarte
- Kompass
- Lupe
- Fernglas
- Stoppuhr
- Leere Plastikdosen mit Deckel und Tüten (für gesammelte »Schätze«)

Gemeinsam Natur erleben – eine Wohltat für alle Sinne und für die Kinderseele.

Merkmale und Stimmungen der vier Jahreszeiten wahr: das saftige Grün des Frühlings, das Blühen des Sommers, das Braun des Herbstes und das kühle Weiß des Winters, die vielen Gerüche und Geräusche. In einem Laubwald wird die jahreszeitliche Stimmung besonders intensiv spürbar.

Kleine Wald-Detektive

Sie können aus Waldausflügen echte Erlebnisse werden lassen, voller körperlicher Bewegung, sinnlicher Eindrücke und vielfältiger Erfahrungen.

Ab 2 Jahren: Geräusche erkennen

▶ Versuchen Sie gemeinsam auf Geräusche zu achten: auf das Zwitschern der Vögel, das Bellen von Hunden, das Rauschen der Blätter oder das Plätschern eines Baches. Produzieren Sie selbst Geräusche: ein Echo, raschelndes Laub, knickende Zweige, Nachmachen von Vogelstimmen.

▶ Suchen Sie auch nach Tierspuren, nach Waldfrüchten und nach besonderen Pflanzen. Ein Bestimmungsbuch kann die Neugierde auch nach den verschiedenen Baumarten befriedigen. Und unterschiedliche Blätter lassen sich an Ort und Stelle untersuchen und vergleichen.

Ab 2 Jahren: Lupen-Erkundungsreise

▶ Vergessen Sie auf keinen Fall eine Lupe, damit lässt sich alles noch viel besser untersuchen: Blumen, Insekten, Baumrinde, Blätter, die Maserung von geschlagenen Bäumen, Spuren im Waldboden, Steine – alles muss genau »unter die Lupe genommen« werden.

Suchen Sie auch im Wald nach besonderen Zielen: ein Aussichtspunkt, ein großer Kletterbaum, eine Brücke oder ein Hochsitz. An diesen Orten machen Sie eine Pause. Ihr Kind kann klettern, auf die Brücke steigen und hinuntersehen oder etwas ins Wasser werfen. Oder Sie besteigen gemeinsam den Hochsitz: Von da oben sieht die Welt ganz anders aus! Prüfen Sie aber vorher, ob der Hochsitz intakt ist und ob es erlaubt ist, ihn zu besteigen. Vielleicht können Sie sogar das eine oder andere Waldtier beobachten. In jedem Fall sollten Sie ein Fernglas dabeihaben, damit Ihr Kind alles gut sehen kann.

Lustige Waldspiele

Bauen Sie in Ihren Waldausflug Spiele ein. Die sorgen für Abwechslung und machen Ihr Kind mit dem Wald vertrauter:

Ab 2 Jahren: Zapfen werfen

▶ Ihr Kind sammelt beim Gehen einige Tannenzapfen, mit denen Sie dann an einem Zwischenstopp ein Zapfenweitwerfen veranstalten oder auf Ziele werfen üben, etwa auf einen Baumstamm.

Ab 2 Jahren: Trimm dich

▶ Trimm-dich-Parcours: Ihr Kind läuft langsam voraus, Sie hinterher. Ihr Kind macht etwas vor, was Sie nachmachen müssen, etwa über einen gefällten Baumstamm springen, rückwärts laufen, eine Schleife um einen Baum laufen, mit der rechten Hand nach fünf Schritten den Boden berühren, in der Hocke gehen und so weiter. Später werden die Rollen getauscht.

Ab 2 Jahren: verstecken im Wald

▶ Versteckspiele machen im Wald besonders viel Spaß. Das raschelnde Laub und knisternde Äste könnten einen verraten.

Raus – auch an Regentagen!

Sie kennen bestimmt den Spruch: Es gibt kein schlechtes Wetter, nur falsche Kleidung. Beherzigen Sie diese Weisheit und lassen Sie sich Ihre Ausflüge nicht »verregnen«. Ziehen Sie sich und Ihre Kinder entsprechend an und marschieren Sie los.
Es macht einfach Freude, in Pfützen zu springen, auf feuchtem Waldboden zu laufen, unter großen Bäumen Schutz vor dem Regen zu suchen, im Matsch zu stiefeln und im Laub zu rutschen. In großen Pfützen oder in Bächen kann Ihr Kind auch kleine Boote schwimmen lassen – vielleicht sogar selbst gebastelte. Auf die Schnelle werden auch einfache Pappteller zu lustigen Booten. Versagen Sie sich und Ihren Kindern dieses Vergnügen nicht – nur wegen des bisschen Drecks und der nassen Füße!

Spielzeug aus Haushalt und Natur

Puppen, Plüschtiere, Autos, Bausteine ... Spielzeug hat Ihr Kind wahrscheinlich reichlich. Ganz besonderen Wert aber haben für ein Kind die Spielsachen, die eine Geschichte erzählen, Gefühle wecken, einzigartig sind: und das sind oft selbst gebastelte.
Aus ganz alltäglichen Gegenständen im Haushalt oder kleinen Fundstücken aus der Natur können Sie gemeinsam mit Ihrem Kind Dinge herstellen, mit denen es sich stundenlang beschäftigen kann – oder die sogar richtige Lieblingsstücke werden. Und auch manche gemeinsame Bastelstunde wird für Sie und Ihr Kind in schöner Erinnerung bleiben.

Spielideen aus der Fundgrube Haushalt

Kinder sind begeisterte »Küchenhelfer« (siehe ab Seite 35). Aber manchmal möchten sie auch einfach nur spielen. Haushalt und Küche sind wahre Fundgruben an improvisierten Spielsachen und interessanten Spielideen!

Auf Kochlöffel zielen

Das brauchen Sie:

Material Mehrere Kochlöffel, Plastikschüsseln, Schwimmreifen, Ringe aus Ästen oder Ähnliches

So wird's gemacht ▶ Die Kochlöffel mit dem Stiel in eine Wiese stecken. Aus unterschiedlichen Entfernungen – je nach Alter – zielt Ihr Kind mit Plastikschüsseln, Schwimmreifen oder selbst hergestellten Ringen aus biegsamen Ästen, zum Beispiel Weide, auf die Kochlöffel.

Einen Ball fangen

Das brauchen Sie:

Material Küchensieb, Tischtennisball

So wird's gemacht ▶ Den Tischtennisball hochwerfen und mit dem Sieb wieder auffangen. Alternative: Zwei Spieler werfen einander den Ball zu und fangen ihn mit dem Sieb.

Schönes aus Abfall

Nicht nur Schneebesen, Quirl & Co. sind interessant – sogar aus Abfall können Sie noch allerhand zaubern!

Futtertopf für Vögel

Tiere kann man am besten an einer Futterstelle beobachten. Wie wär's mit einer selbst gebauten »Raststätte« für die Vögel?

TIPP!

Mehr Spielerisches im Haushalt

Und auch mit diesen Gegenständen aus Haushalt und Küche kann Ihr Kind toll spielen:

- Mit einem Schneebesen kann man im Spül- oder Badewasser Schaum schlagen. Er wird auch zum Spielzeug, wenn Sie einen Tischtennisball hineinstecken.
- Strohhalme eignen sich als Mikadospiel.
- Wasser mit Spülmittel kann als Seifenblasen durch einen Plastikring gepustet werden.
- Flache Knöpfe können als Spielsteine für verschiedene – auch selbst ausgedachte – Gesellschaftsspiele verwendet werden.
- Überlassen Sie Holzlöffel, Sieb, Trichter, Eiswürfelbehälter, Teigrolle und anderes einfach Ihrem Kind – ihm fällt sicher noch viel mehr damit ein!

Extra: Kleiner Material-Guide

Auf hochwertige Materialien achten

Die Materialien für den Saunabau müssen Temperaturen bis zu 110 °C aushalten, für ein gesundes Saunaklima sorgen und möglichst langlebig sein. Auf den folgenden Seiten finden Sie alles, was Sie wissen müssen, um für sich und Ihre Sauna die richtige Entscheidung zu treffen.

Das Holz

Folgende Eigenschaften machen das Holz für den Saunabau unverzichtbar:

- **Natürliche Atmung**

Holz besitzt Quellkörper wie Zellulose, Eiweiß und Plasma, die sich der umgebenden Luftfeuchtigkeit anpassen. Man sagt deshalb auch: Das Holz »atmet«. Dadurch werden verbrauchte Luft und überschüssige Feuchtigkeit abtransportiert. Mit dem Wassergehalt des Holzes ändert sich auch das Volumen.

Holz – Wunderwerk der Natur

- **Geringe Wärmeleitfähigkeit**

Holz ist ein schlechter Wärmeleiter. Das ist auch der Grund, weshalb Sie sich an den Holzflächen der Sauna nicht verbrennen, obwohl in der Saunakabine fast 100 °C herrschen. Zum Vergleich: Es gibt für jedes Material eine Materialkonstante, λ, die die Wärmeleitfähigkeit angibt. Silber ist ein guter Wärmeleiter und hat einen λ-Wert von 407. Holz dagegen hat je nach Dichte einen λ-Wert von 0,10 bis 0,20.

- **Holz speichert Wärme**

Holz besitzt die für das Saunaklima entscheidende Fähigkeit, Wärme aufzunehmen und diese langsam und gleichmäßig an die Raumluft abzugeben.

- **Struktur und Atmosphäre**

Holz hat eine angenehme Oberflächenstruktur und verbreitet eine Wohlfühlatmosphäre.

Das Holz der Birke wird für Decken, Wände und Sitzbänke verwendet.

Holz ist nicht gleich Holz!

Nicht jede Holzart ist geeignet

Die Wärmespeicherkapazität des Holzes ist nicht nur von der Stärke, sondern auch von der Qualität abhängig. Nur langsam gewachsene Hölzer besitzen eine dichte Zellstruktur. Und je dichter die Zellstruktur, desto länger vermag das Holz die Wärme zu halten. Wenn Sie sich ein wirklich hochwertiges Holz für Ihren Saunabau wünschen, dann sollten Sie sich für das harte Kernholz der Polarfichte entscheiden. Es speichert 120 °C rund sieben Stunden lang.

Welches Holz für welche Saunateile?

Nadel- und Laubhölzer sind unterschiedlich aufgebaut. Je nach Verwendungszweck eignen sich nur bestimmte Hölzer.

- **Decken und Wände:**
Weiß- oder Edeltanne, kanadische Hemlock, Pitchpine, Kiefer, Birke, Polarfichte
- **Sitze und Liegebänke:**
Erle, Birke, Linde, Pitchpine, Pappel, finnische Haapa, Ahorn, Kastanie, nordische Fichte, kanadische Hemlock
- **Saunatür:**
Meist Nadelholz wie Kiefer

Der Saunaofen

Ein altes finnisches Sprichwort sagt: »*Der Ofen ist die Seele der Sauna.*« Damit auch Ihr Ofen für ursprüngliches Saunaklima sorgt, muss er so konstruiert sein, dass er hauptsächlich Strahlungswärme erzeugt und nicht nur die Luft erhitzt. Zudem muss er frei im Raum stehen. Er darf nicht hinter Verkleidungen oder Bänken versteckt sein, denn die Wärmestrahlen können sich sonst nicht gleichmäßig im Raum verteilen. Auf den folgenden Seiten finden Sie einige Saunaöfen, die das Baden in Ihrer eigenen Sauna zu einem echt finnischen Schwitzvergnügen machen.

Gleichmäßige Wärme wichtig

Elektroofen

Im Inneren des Elektroofens befindet sich ein Heizelement, das die Hitze direkt auf die Steine überträgt. Diese wiederum speichern die Wärme und geben sie

WICHTIG

Vorsicht Brandgefahr!

Halten Sie die Ofenplatte frei von Gegenständen. Achten Sie darauf, dass keine Putzmittel, Handtücher oder anderes brennbares Material versehentlich dort abgelegt werden. Als Brandschutz bieten sich ein Schutzgitter oder eine Sicherheits-Kontaktabschaltung an.

an die Sauna ab. Für den elektrisch beheizten Saunaofen benötigen Sie einen Starkstromanschluss von 380 Volt. Oft sind Öfen bereits mit kompletten Schalt-und Steuerelementen ausgestattet.

Starkstromanschluss erforderlich

● **Vorteil:** Sie können den Elektroofen auch in einer sehr kleinen Baugröße erhalten.

Die erforderlichen Leistungen richten sich nach der jeweiligen Kabinengröße.

Holzbefeuerter Saunaofen

Er ist größer als der Elektroofen und wird über den Kamin beheizt. Durch eine Klappe schieben Sie das Holz in die Brennkammer. Die Heizenergie des brennenden Holzes geht direkt auf die Steine über. Diese speichern die Wärme und geben sie als angenehm weiche Strahlungswärme langsam und regelmäßig an die Raumluft ab. Der Holzofen eignet sich besonders gut für eine Gartensauna. Auch sollte Ihre Sauna nicht kleiner als zehn Quadratmeter sein. Wichtig: Der holzbefeuerte Saunaofen muss vom Bezirksschornsteinfeger genehmigt werden.

Ein feuriges Vergnügen

● **Vorteil:** Holzfeuer verbreitet urige Saunaatmosphäre.

● **Nachteil:** Sollten Sie über einen eigenen Buchenwald verfügen: kein Problem, ansonsten ist der Holzverbrauch groß und daher teuer. Sie brauchen etwa ein Kilogramm Holz in der Stunde.

Die Befeuerung eines Holzofens ist ganz schön kostspielig.

Finnischer Steinofen

Auch dieser Ofen arbeitet nach dem Prinzip der Strahlungswärme. Ein Steinkorb, gefüllt mit 20 bis 35 Kilogramm Basaltsteinen, wird im Ofen von fingerdicken Heizschlangen umschlungen. Die auf diese Weise aufgeheizten Steine geben die Wärme langsam und gleichmäßig an die Sauna ab.

● **Vorteil:** Geringer Energieverbrauch, da die Heizenergie direkt auf die Steine übertragen wird. Wenn die erforderliche Temperatur erreicht ist, heizt der Ofen nur noch mit einem Drittel seiner Energieleistung.

WICHTIG

Achtung VDE!

Ihr Ofen sollte VDE-geprüft sein und muss von einem Elektromeister fachgerecht angeschlossen werden.

Multifunktionssysteme

Hier haben Sie die Wahl

Per Knopfdruck können Sie bestimmen, welches Klima Sie in Ihrer Heimsauna bevorzugen. Zusätzliche Systeme, entweder neben dem Ofen oder am Ofenschutzgitter angebracht, erzeugen ein Heißluftklima oder verwandeln Ihre Sauna in ein Dampf-, Warmluft- oder auch in ein Kräuter-Vitalbad.

Baden in farbigem Licht

Farbbad gefällig?

Wenn Ihnen die gesundheitlichen Wirkungen des Saunabadens allein nicht genügen, dann können Sie zusätzlich ein Bad in den Spektralfarben nehmen. Solche von der Industrie angebotenen Systeme werden in die Decke der Saunakabine eingebaut (siehe Seite 119 f.).

Die Ofensteine

Sie müssen eine Menge aushalten: Der ständige Temperaturwechsel zwischen Aufheizen bis zur Rotglut und Abkühlen durch den Aufguss ist für die Steine eine Tortur. Dabei dürfen sie weder brechen noch rissig werden. Wenn das passiert, verlieren sie ihre Wärmespeicherfähigkeit. Zudem dürfen Sie beim Erhitzen keinen Rauch, keine Gerüche und keine Gase bilden. Die Steine müssen hitzefest bis zu 900 °C sein und dürfen weder Risse noch Gefügeunregelmäßigkeiten aufweisen. Sind sie so groß und rund wie eine Kartoffel, dann haben sie die »Idealfigur«.

Saunasteine auf einen Blick

Tiefengesteine garantieren eine optimale Wärmespeicherung.

Die Finnen schwören auf Peridotit. Sie können aber auch andere Steine verwenden. Geeignet sind: Granit, Diorit, Gabbro, Basalt, Gneise oder Quarzite.

WICHTIG

Testen Sie Ihre Ofensteine!

Explodierende Steine sind gefährlich! Machen Sie deshalb einen Hitzetest, um die Saunatauglichkeit Ihrer Steine zu prüfen. Dazu erhitzen Sie die Steine über dem Feuer bis zur Rotglut und werfen sie anschließend in kaltes Wasser. Wenn die Steine brechen, Risse bekommen oder seltsame Geräusche von sich geben, so als würde man sie gegeneinander schlagen, dann sind sie für den Saunabetrieb nicht zu gebrauchen.

Wie viele Steine brauchen Sie für Ihre Sauna?

Ihr Steinbedarf richtet sich nach der Bauart des Ofens und nach der Größe Ihrer Saunakabine.

Menge unterschiedlich

- Dauerbrandöfen brauchen je nach Kabinengröße 20 bis 35 Kilogramm Steine.
- Saunaöfen mit Speicherprinzip benötigen je nach Kabinengröße 100 bis 300 Kilogramm Steine.
- Für die Beheizung einer Erdsauna brauchen Sie sogar bis zu 500 Kilogramm Steine.

Die Dämmstoffe

Dabei handelt es sich um Baumaterialien, die Innenräume gegen Wärmeverlust, Kälte, Schall oder Feuchtigkeit abschotten. Beim Saunabau geht es allein darum, dass die in der Saunakabine mit großem Energieaufwand erzeugte Hitze möglichst lange gespeichert wird. Dämmstoffe sind dazu da, den Wärmedurchlass abzudämmen. Im Unterschied zur Blockbohlenbauweise sind Dämmstoffe jedoch nur bei der Elementbauweise nötig, da die zum Bau verwendeten Holzlattungen zu dünn sind, um die Hitze im Innenraum der Sauna zu halten.

Heizkosten sparen mit guter Isolation

Darauf sollten Sie achten:

- Im Unterschied zur normalen Bauweise wird die Wärmedämmschicht nicht außen, sondern an der Innenwand der Saunakabine angebracht.
- Wärmedämmstoffe müssen geruchsfrei, temperaturbeständig und feuersicher sein.
- Beliebte Dämmstoffe für den Saunabau sind: Stein- oder Mineralwolle, Aluminiumfolie, Kork und Luftkammer-Isolierung.

Kork eignet sich ideal zur Wärmedämmung.

WICHTIG

Bioverträgliche Materialien

Vorsicht bei Stein- und Glaswolle! Das Einatmen der Glasfasern wurde vom Bundesgesundheitsamt im Jahre 1993 als krebserregend eingestuft. Seit 1995 gibt es jedoch eine zweite Generation von Steinwolle im Handel, deren Fasern vom Fraunhofer Institut eine verbesserte Bio-Abbaubarkeit im menschlichen Organismus bescheinigt wurde. Ein gesundheitlich unbedenklicher, aber teurer Dämmstoff ist die Zellulosefaser. Sie wird aus veredeltem, recyceltem Papier hergestellt. Am besten fragen Sie Ihren Saunafachmann nach unbedenklichen Materialien.

Die Dampfsperre

Dampfsperre für Schichtbausysteme

Bei allen Saunatypen mit mehrschichtig aufgebauter Saunawand (Schichtbausauna) benötigen Sie eine Dampfsperre. Diese befindet sich an der Innenseite der Saunakabine, noch vor der Dämmschicht. Damit wird verhindert, dass Feuchtigkeit in die Wärmedämmschicht eindringt. Ansonsten könnte Ihre neue Saunakabine bald unbrauchbar werden: Die Isolierung beginnt zu schimmeln, sie verliert an Wärmedämmfunktion und sondert mitunter unangenehme Gerüche ab. Doch wie kommt es in einer trockenen Heißluftsauna überhaupt zur Bildung von Feuchtigkeit?

Perfekte Dampfsperre

Nur rostfreie Materialien verwenden

Jeder Badegast verliert während des Schwitzvorganges bis zu anderthalb Liter Wasser! Hinzu kommt die Bildung von Wasserdampf durch den Aufguss und die relative Luftfeuchtigkeit in der Saunakabine, die vor der Aufheizphase 60 Prozent beträgt. Um zu verhindern, dass die Feuchtigkeit in die Isolierung eindringt, eignen sich am besten nichtrostende geriffelte Bleche aus Kupfer, Aluminium oder Zink.

Die Zu- und Abluft

Belüftung nicht vernachlässigen

Nur in einem gesunden Saunaklima fühlen wir uns wohl. Grundvoraussetzung dafür ist ein gutes Be- und Entlüftungssystem. Es verhindert, dass sich stickige Feuchtigkeit und Körperausdünstungen ansammeln. Bekommen wir nicht genügend Sauerstoff, besteht Erstickungsgefahr!

Luftzirkulationen

Unterhalb des Ofens wird Frischluft durch eine Öffnung von außen angesaugt. Sie wird erhitzt, steigt zur Decke und breitet sich gleichmäßig in der Schwitzkabine aus. Sobald sie sich abgekühlt hat, sinkt die verbrauchte Luft zu Boden, von wo sie nach draußen abgeführt wird.

Natürliche Entlüftung

Keine künstliche Belüftung bei der Blockbohlensauna

Während die meisten Saunamodelle ein künstliches Be- und Entlüftungssystem benötigen, übernimmt bei der Blockbohlensauna das Holz die Entlüftungsfunktion. Bei einer Temperatur von über 70 °C entsteht in der Saunakabine ein Unterdruck gegenüber der Außenluft. Dieser Unterdruck reicht aus, um genügend Frischluft durch die Zellstruktur des Holzes ins Innere der Sauna zu saugen.

Künstliche Entlüftung

Bei der Entlüftung müssen Sie Folgendes beachten:

- Die kleinste Luftbewegung wird auf der heißen Haut als unangenehm empfunden und stört das Saunaklima. Deshalb sollten Sie unbedingt jeden Luftzug in Ihrer Sauna vermeiden.
- Je kleiner die Saunakabine, desto besser muss der Luftaustausch funktionieren.
- Je weiter unten die Entlüftungsöffnung liegt, desto geringer ist der Wärmeverlust.

Die Decke

Durch die hohen Temperaturen unter der Saunadecke werden spezielle Anforderungen an die Deckenkonstruktion gestellt.

Darauf sollten Sie achten:

- Verwenden Sie harzfreies Holz. Tropfendes Harz könnte Ihre Haut verbrennen.
- Die besten Hölzer für die Decke sind: skandinavische Fichte, Hemlock, Polarfichte, Lärche, Weiß- oder Edeltanne.
- Die Decke sollte nicht mehr als einen Meter über der obersten Sitzbank liegen.
- Die Deckenhöhe sollte maximal 2,40 Meter betragen.
- Eine Dampfsperre hat in der Deckenkonstruktion nichts verloren, weil die Wasserdampfdiffusion erhalten bleiben muss.
- Als Dämmstoff ist besonders Zellulosefaser geeignet. Sie besteht aus recyceltem Papier, ist haltbar und ungiftig.

Bei kleiner Sauna Luftvolumen innerhalb einer Stunde 20-mal austauschen!

Der Boden

Er sollte trittsicher, säurefest, fußpilzabweisend, kälte- und hitzebeständig sowie leicht zu pflegen sein. Je nach Konstruktion besteht er aus mehreren Schichten: aus dem Unterbeton, einer geklebten Dichtung, der Wärmedämmung und einem Zementestrich. Als Oberfläche eignen sich keramische Bodenfliesen oder glasierte Steinzeugfliesen. Den Abschluss bildet ein Rost aus Holz oder Kunststoff.

Für die Tür nur hitzebeständiges Glas verwenden.

Darauf sollten Sie achten:

▶ Der Fußboden sollte ein leichtes Gefälle zur Saunatür aufweisen: ein bis zwei Prozent.
▶ Die Fußbodenentwässerung muss sich außerhalb der Schwitzkabine befinden.

Die Saunatür

Als Baumaterial für die Tür können Sie Holz, aber auch spezielles Glas verwenden. Die Industrie bietet fachgerechte Saunatüren an – verzugsfrei mit massivem Blockrahmen und Verspannung, damit die Tür auch nach längerer Zeit sauber ins Schloss fällt.

Darauf sollten Sie achten:

▶ Die Tür sollte möglichst nach außen aufschlagen.
▶ Aus Sicherheitsgründen sollte die Saunatür von innen und von außen zu öffnen sein.
▶ In der Tür sollte sich ein Sichtfenster befinden.
▶ Um Wärmeverlust zu vermeiden, sollte die Türöffnung möglichst klein sein.
▶ Beim Einbau der Tür sollten Sie auf undichte Stellen achten und eventuell eine Türschwelle einplanen.
▶ Der Türgriff sollte aus Holz sein, ansonsten besteht Verbrennungsgefahr!

Kalte Zugluft stört das Saunaklima

Ausstattung der Funktionsräume

Ein Muss in jeder Saunaanlage außer der Saunakabine ist der Abkühlbereich. Wenn Sie über weitere Räumlichkeiten verfügen, umso besser.

Die Saunakabine

Die Einzelelemente der Saunakabine wie Gehäuse, Tür, die verschiedenen Ofentypen und das Zubehör wurden bereits an anderer Stelle beschrieben (siehe Seite 113 f.). Hier geht es jetzt ausschließlich um die Ausstattung.

Saunabänke

Der richtige Abstand ist wichtig

Die Bänke bestehen aus Holzlatten mit einem Abstand von jeweils einem bis anderthalb Zentimetern, damit die Luft zirkulieren kann. Je nach vorhandenem Platz werden zwei bis drei Sitzbänke treppenförmig von unten nach oben angebracht. Die Bänke sollten 200 Zentimeter lang und 60 Zentimeter breit sein. Sind nur zwei Etagen vorgesehen, beträgt der Abstand 50 Zentimeter, bei drei Etagen lediglich 33 Zentimeter. Zwischen der obersten Sitzbank und der Decke sollten Sie immer einen Abstand von 100 Zentimetern einplanen.

Als Freiluftbad bietet sich an:

- ein Wintergarten mit sich öffnender Glasüberdachung
- der Garten oder ein Teil davon
- eine Terrasse oder Dachterrasse
- ein Balkon oder einfach nur ein geöffnetes Fenster

Freiluftraum

Ein geschützter Garten ist ideal

Er sollte in unmittelbarer Nähe Ihrer Schwitzkabine liegen und vor Zug sowie vor neugierigen Blicken geschützt sein.

Nassraum

Auch bei der fachgerechten Ausstattung des Abkühlbereiches gibt es einiges zu beachten.

Darauf kommt es an:

Schlauchanschluss legen lassen

- **Wichtige Anschlüsse**
Kaltwasseranschlüsse und ein Schlauchanschluss sollten vorhanden sein.
- **Der Fußboden**
Er sollte trittsicher und wasserbeständig sein. Unbedingt notwendig ist ein Fußbodenablauf.
- **Der Kneippschlauch**
Er dient dem langsamen Abkühlen ohne Druck. Dabei handelt es sich um einen Dreiviertel-Schlauch, 2,50 Meter lang, aus weißem Kunststoff.

● **Die Schwallbrause**
Wichtig sind der hohe Wasserdurchlass und ein breiter, weicher Guss.

● **Die Fußbadewanne**
Sie besteht aus Holz oder Kunststoff. Meist ist die Fußbadewanne mit Standrohr und Abfluss ausgestattet. Maße: 20 bis 35 Zentimeter hoch, Durchmesser oben etwa 40 Zentimeter, unten etwa 35 Zentimeter.

● **Das Sauna-Tauchbecken**
Die meisten Tauchbecken bestehen aus Holz und haben einen massiven Kunststoffeinsatz. Maße: 110 Zentimeter lang, 70 Zentimeter breit und 100 Zentimeter hoch. Inhalt rund 360 Liter. Die Wasserstandshöhe beträgt 70 Zentimeter.

Zur Not tut es auch die Badewanne

● **Die Eimer-Schwalldusche**
Sie besteht aus einem Holzeimer mit Aufhängung, einem Ventil und einem Zugseil. Je größer der Durchmesser des Eimers ist, desto breiter und üppiger kommt der kalte Guss.

● **Der Badehocker**
Er ist aus Massivholz oder Kunststoff.

Der Ruheraum

In angenehmer Atmosphäre fällt das Entspannen leicht.

Dieser Bereich Ihrer Saunaanlage sollte eine Oase der Ruhe und Entspannung sein. Daher ist es wichtig, der Gestaltung des Ruhebereiches besondere Aufmerksamkeit zu schenken.

So gestalten Sie Ihren Ruheraum

▶ Er sollte gut belüftet sein und eine Raumtemperatur von etwa 20 °C besitzen.

▶ Das Licht sollte gedämpft sein und eine angenehme Atmosphäre verbreiten.

▶ Für jeden Saunagast sollte eine Entspannungsliege oder eine Ruhebank aus Holz zur Verfügung stehen.

Ihr Saunabau auf einen Blick

Planung und Konstruktion

- **Saunatyp auswählen**
Element- oder Massivholzbauweise, Blockbohlensauna, Gartensauna
- **Standort bestimmen**
Innen- oder Außenstandort
- **Platzbedarf berechnen**
Minimalsaunakabine oder Kleinstsaunaanlage
- **Anordnung der Funktionsräume**
(siehe Seite 110 f.)
- **Saunazubehör besorgen**
Thermostat, Thermometer, Hygrometer, Steuergerät, Sanduhr, Kopfstütze, Aufgusskübel und Kelle
- **Sicherheitscheck durchführen!**
(siehe Seite 112)

Ausstattung der Funktionsräume

- **Saunakabine**
Saunaofen, Aufgusskelle und Eimer, Liegebänke, Kopfstütze, Sanduhr, Thermometer
- **Nassraum**
Elektro- und Wasseranschlüsse, Kneippschlauch, Schwallbrause, Fußbadewanne, Tauchbecken
- **Ruheraum**
Entspannungsliege, Federwaage, gedämpftes Licht

Kleiner Material-Guide

- **Holzart**
Eigenschaften der einzelnen Holzarten überprüfen
- **Saunaofen**
Elektroofen, holzbefeuerter Ofen oder finnischer Saunaofen
- **Ofensteine**
meist Tiefengesteine wie Diorit
- **Dämmstoffe**
Steinwolle, Alufolie oder bioverträgliche Materialien
- **Material der Dampfsperre**
(falls nötig)
- **Belüftungsart**
natürliche oder künstliche Belüftung
- **Decke, Boden und Tür**
Sicherheitsbestimmungen, Konstruktionsarten

Eine Gartensauna garantiert ursprüngliches Schwitzvergnügen.

Zum Nachschlagen

Bücher, die weiterhelfen

Amthor, S.: Young! Einfach jünger aussehen; Gräfe und Unzer Verlag

Assmann, K.: Lomi Lomi Nui. Die Tempelmassage aus Hawaii; Aurum Verlag

Brödner, E.: Die Römischen Thermen und das antike Badewesen; Theis Verlag

Frohn, B.: Anti-Aging. Länger jung – länger schön; Gräfe und Unzer Verlag

Gebauer-Sesterhenn, B.: Entschlacken 1x pro Woche; Gräfe und Unzer Verlag

Grillparzer, M.: Fatburner. So einfach schmilzt das Fett weg; Gräfe und Unzer Verlag

Heufelder, Prof. Dr. A.; Bieger, Dr. W. P.: Das Anti-Aging Konzept; Gräfe und Unzer Verlag

Höckert, M.; Schönfeld, G.: Sauna – Planung, Konstruktion, Ausführung; Verlag für Bauwesen

Klemp, K.; Niemann, C.: Easy! Weekends zum Entschlacken; Gräfe und Unzer Verlag

Kraske, Dr. E.-M.: Säure-Basen-Balance; Gräfe und Unzer Verlag

Lockstein, C.; Faust, S.: Relax! Der schnelle Weg zu neuer Energie; Gräfe und Unzer Verlag

Schutt, K.: Ayurveda für jeden; Gräfe und Unzer Verlag

Schutt, K.: Enjoy! Massagen zum Entspannen; Gräfe und Unzer Verlag

Schutt, K.: Ayurveda. Sich jung fühlen ein Leben lang; Gräfe und Unzer Verlag

Strunz, Dr. U.: Forever young. Das Erfolgsprogramm; Gräfe und Unzer Verlag

Werner, M.: Ätherische Öle für Wohlbefinden, Schönheit, Gesundheit; Gräfe und Unzer Verlag

Werner, M.: Noni, das Handbuch. Eruge Verlag

Worlitschek, M.: Der Säure-Basen-Haushalt. Karl F. Haug Verlag

Adressen, die weiterhelfen

Deutschland

B+S Finnland Sauna
Postfach 1138
48232 Dülmen

Deutsche Gesellschaft für Angewandte Endokrinologie (DGAE)
Wilhelm-Hauff-Str. 21
12159 Berlin

Deutsche Gesellschaft für Ernährung (DGE)
Godesberger Allee 18
53175 Bonn

Deutscher Sauna-Bund e.V. (DSB)
Kavalleriestr. 9
33602 Bielefeld
(Der Sauna-Bund bietet Informationen zu allen Themen rund um die Sauna)

Klafs Saunabau GmbH & Co. KG
Postfach 110425
74507 Schwäbisch Hall

Internet:

www.saunaseite.de
(Hier bekommen Sie viele wertvolle Tipps und Adressen)

www.welt-der-sauna.de
(Hier finden Sie Informationen zu Saunabau und Zubehör)

Die folgenden Häuser bieten Hamam und / oder Rhassoul:

Deutschland

Steigenberger Parkhotel
Nizzastr. 55
01445 Radebeul/Dresden

Romantikhotel zur Bleiche
Bleichestr. 16
03096 Burg/Spreewald

Sultan Hamam
Bülowstr. 57
10783 Berlin-Schöneberg

Holthusenbad Hamburg
Goernestr. 21
20249 Hamburg

Syltnesscenter
Dr. Nicolas-Str. 3
25980 Westerland/Sylt
Tourismusservice
Tel.: 0180/5009980

Parkhotel Bremen
Im Bürgerpark
28209 Bremen

Mediterana
Saller Mühle 1
51429 Bergisch Gladbach

Bäderhaus Bad Kreuznach
Kilianstr. 9
55543 Bad Kreuznach

Kurzentrum Bad Dürckheim
Kurbrunnenstr. 14
67098 Bad Dürckheim

Saray Hamam
Freiburger Ring 8
68309 Mannheim-Vogelstang

SchwabenQuellen/VitaParc
Plieningerstr. 100
70567 Stuttgart

Mathildenbad München
Mathildenstr. 5
80336 München

Therme Erding
Thermenallee 1
85435 Erding

Atlantis Erlebnisbad
Wiblingerstr. 55
89231 Neu Ulm

Kurmittelhaus Bad Griesbach
94086 Bad Griesbach

Österreich

Wellnes Ressort Schwarz
6114 Mieming

Hotel Theresia
Bahnhofstr. 15
6280 Zell im Zillertal

Sport & Wellnessresidenz
Madseit 690
6294 Hintertux

Wellness & Familienhotel
6652 Elbigenalp

Therme Loipersdorf-Intercontinental
Loipersdorferstr. 152
8282 Loipersdorf

Steirisches Thermenland
Grazerstr. 1
8350 Fehring

Schweiz

Kurzentrum Bad Rheinfelden
Roberstenstr. 31
4310 Bad Rheinfelden b. Basel

Fitnesspark National
Haldenstr. 23
6006 Luzern

Fitnesspark Münstergasse
Blaufahnenstr. 3
8001 Zürich

Register

Impressum

Redaktion: Silvia Herzog
Lektorat: Dorit Zimmermann

Illustrationen: Detlef Seidensticker, München
Fotos: AKG Images: S. 14, 16; B + S Finnland Sauna: S. 8, 60, 104/105, 107, 108, 109, 111, 115, 120, 123; B. Büchner: S. 18; Corbis Stock Market: S. 65, 77; Getty Images: S. 21, 91; GU-Archiv: S. 32, 43, 63, 70, 86, 87, 88, 94, 95, 99, 100, 101, 102 (Kartoffeln), 103 (R. Schmitz), 34, 39, 42, 85, 92, 93, 97 (M. Jahreiß), 35 (B. Bonisolli), 51 (T. von Salomon), 55, 90 (C. Losta), 56, 61 (A. Hosch), 81 (N. Olonetzky), 83 (M. Leis), 102 (Teetasse, T. Roch); IFA: S. 41, 82; Jahreszeiten Verlag: S. 6/7, 26, 64; Jump: S. 4, 10, 25, 36, 38, 45, 48, 53, 69, 89, 122 (Ruheraum), U4; Klafs Saunabau: S. 46, 75, 116, 122 (Badehocker); Mauritius: S. 22, 37, 58/59, 66, 79, 117; Reinhard-Tierfoto: S. 113; Springerpics AS-Verlag: S. 28/29, 50; Superbild: U1

Dank

Wir bedanken uns bei den Firmen B + S Finnland Sauna (D-48249 Dülmen) und Klafs Saunabau GmbH & Co. KG (D-74523 Schwäbisch Hall), die uns freundlicherweise Fotos zur Verfügung gestellt haben.

Umschlaggestaltung: independent Medien-Design
Innenlayout: Heinz Kraxenberger
Herstellung: Petra Roth
Satz: Johannes Kojer, München
Lithos: Repro Ludwig, Zell am See
Druck: Appl, Wemding
Bindung: Sellier

ISBN 3-7742-5575-X

Auflage	4.	3.	2.
Jahr	2005	2004	2003

GRÄFE UND UNZER

Ein Unternehmen der
GANSKE VERLAGSGRUPPE

Wichtiger Hinweis

Dieser GU-Ratgeber bietet aktuelle und fachlich kompetente Informationen rund um die Sauna. Er zeigt die Möglichkeiten, aber auch die Grenzen des Saunabadens auf. Wenn Sie nicht sicher sind, ob Sie in die Sauna dürfen, dann wenden Sie sich bitte an Ihren Arzt. Sie sind verpflichtet, in eigener Verantwortung zu entscheiden, ob und wie weit Sie die im Buch gegebenen Empfehlungen übernehmen möchten.

Umwelthinweis

Dieses Buch wurde auf chlorfrei gebleichtem Papier gedruckt. Um Rohstoffe zu sparen, haben wir auf Folienverpackung verzichtet.

Das Original mit Garantie

Ihre Meinung ist uns wichtig. Deshalb möchten wir Ihre Kritik, gerne aber auch Ihr Lob erfahren, um als führender Ratgeberverlag für Sie noch besser zu werden. Darum: Schreiben Sie uns! Wir freuen uns auf Ihre Post und wünschen Ihnen viel Spaß mit Ihrem GU-Ratgeber.

Unsere Garantie: Sollte ein GU-Ratgeber einmal einen Fehler enthalten, schicken Sie uns bitte das Buch mit einem kleinen Hinweis und der Quittung innerhalb von sechs Monaten nach dem Kauf zurück. Wir tauschen Ihnen den GU-Ratgeber gegen einen anderen zum gleichen oder ähnlichen Thema um.

Ihr Gräfe und Unzer Verlag
Redaktion Gesundheit
Postfach 86 03 25
81630 München
Fax: 0 89/4 19 81-1 13
e-mail: leserservice@graefe-und-unzer.de